# 国有企业政治治理对公司决策的影响

The Influence of Political Governance of State-owned Enterprises on Corporate Decision-making

王元芳◎著

中国财经出版传媒集团
中国财政经济出版社

**图书在版编目（CIP）数据**

国有企业政治治理对公司决策的影响／王元芳著．—北京：中国财政经济出版社，2019.9

ISBN 978-7-5095-9148-2

Ⅰ.①国⋯ Ⅱ.①王⋯ Ⅲ.①国有企业－企业管理－研究－中国 Ⅳ.①F279.241

中国版本图书馆 CIP 数据核字（2019）第 168202 号

责任编辑：张 莹　　　　　　　责任校对：张 凡

封面设计：陈宇琰

中国财政经济出版社 出版

**URL**：http://www.cfeph.cn

E-mail：cfeph@cfeph.cn

（版权所有　翻印必究）

社址：北京市海淀区阜成路甲 28 号　邮政编码：100142

营销中心电话：010-88191537

北京财经印刷厂印刷　各地新华书店经销

787×1092 毫米　16 开　13.5 印张　218 000 字

2019 年 9 月第 1 版　2019 年 9 月北京第 1 次印刷

定价：60.00 元

ISBN 978-7-5095-9148-2

（图书出现印装问题，本社负责调换）

本社质量投诉电话：010-88190744

打击盗版举报热线：010-88191661　　QQ：2242791300

# 序 Preface

自20世纪90年代以来，中国经济的高速发展引发了全球学者的研究兴趣，"中国问题"逐渐进入西方主流研究的视野，并对制度经济学研究的传统范式提出挑战。中国情境与西方的经济发展情境有着巨大的差异，这种差异也吸引了国内外众多学者的兴趣与热情，出现了一系列对中国情境下"制度""关系""政治关联"问题的研究。伴随着"发轫于西方国家的制度经济学理论是否能对中国情境下的政治制度和经济问题进行充分解释"的争论，国内学术界已经形成共识：对中国情境下的制度经济理论研究要充分考虑中国情境的特殊性，植根于中国独特的政治制度和经济制度，才能既服务于中国的经济发展，又为全球制度经济学的发展做出贡献。

众多学者对我国的政治与经济，尤其是政治与微观经济主体之间关系的研究已经比较全面，但仍然无法覆盖并很好地解释中国的问题。主要忽略了以下几个方面：第一，现有关于政治制度与企业行为的相关研究，将"政府"行为等同于"政治"行为，忽略了企业内部政治治理的影响。第二，政企分离一直是改革的目标和方向，但这并不意味着党企也要分离，恰恰相反，党企要统一，党组织在企业中的领导核心和政治核心地位不能动摇。第三，党管国企、党领导一切。随着现代企业制度的建立，关于如何处理企业党组织与现代公司治理主体之间的关系问题越来越突出，"老三会"与"新三会"如何共存，党委会与董事会如何共处，党委书记与董事长如何共事，成为我国现代企业制度发展亟待解决的关键问题。基于此，2015年中央全面深化改革领导小组给国有企业改革重新制定了路线图，这个顶层设计的核心就是党要管国企，党组织要参与公司治理，并从机构设置、人事安排和法律定位三个方面给出了重要建议。2016年10月习近平总书记在全国国有企业党的建设工作会议上强调，坚持党对国有企业的领导是重大政治原则，必须一以贯之；建立现代企业制度是国有企业改革的方向，也必须一以贯之。而中国特色现代国有企业制度，"特"就特在把党的领导融入公司治理各环节，把企业党组织内嵌到公司治理结构中，明确和落实党组织在公司法人治理结构中的法定地位。2017年10月，习近平总书记在第十九次全国代表大会上进一步提出"党领导一切"的政治原则。因此，在国有企业全面深化改革的关键节点，党中央重新审视国企发展与党的领导的关系，重塑党组织在公司治理结构中的法定地位，实乃必然。也正是在这一背景下，探讨建立现代企业制度的同时如何更有效地将党组织嵌入到公司治理结构中，成为公司治理领域研究的一个潮流。该书将这一特征应用于实证研究领域，首次系统地检验了党组织参与公司治理可能带来的治理效应，是公司治理领域一个非常好的尝试。

该书结合我国国有企业中党组织参与公司治理这一最大特征，基于党委会与董事会、监事会以及管理层的"双向进入、交叉任职"情况，首次构建了政治治理程度的指标体系，从代理成本、高管薪酬、雇员规模三个视角实证检验了党组织参与公司治理的治理效应，得到了一些有趣的且有价值的发现。

该书的学术价值在于：（1）该书是国内管理领域较早利用实证研究方法对党组织参与公司治理这一特征展开研究的论著之一，有助于理解我国政治制度背景下党组织嵌入公司治理结构的意义，以及开展研究我国国有企业党组织参与治理的必要性和可行性。（2）从我国国有企业所处的政治制度环境和特有的公司治理特征出发，研究国有企业中党组织参与公司治理对治理结构、治理机制、高管行为以及治理效应的影响，一定程度上丰富了中国特色的公司治理理论。（3）通过对现有政治制度相关理论的梳理和整合，区分不同的政治治理主体，为政治关联相关研究提供了新的研究视角，丰富了不同政治体制下政治影响企业行为的相关理论和研究。

该书的实践意义在于：（1）我国目前正处在经济转轨时期，该书的研究结合我国具体的国情，为完善公司治理结构，探讨有中国特色的公司治理创新实践提供参考。（2）为党和国家、政府、国有企业及学术界关注的现代企业制度中政治组织的必要性与可行性提供参考，为党的领导方针政策和制度安排提供微观层面的证据支持，为国有企业中党组织发挥领导核心和政治核心作用提供建议，为相关机构、监管部门制定相关政策提供理论上的依据。

由于党组织参与公司治理并没有统一的方式和途径，该书仅从党委会与董事会、监事会以及管理层之间的"双向进入、交叉任职"这一领导体制出发构建指标体系还不够全面，属于尝试性质，存在诸多需要改进之处，但瑕不掩瑜，望其能起到抛砖引玉之作用，促学界同仁重视并着力推进该领域的研究。

马连福

2018 年 12 月 12 日于南开园

# 前言

政治在现代社会生活中发挥着重要作用，影响经济、社会的方方面面。不同于西方国家，我国的政治制度是马克思主义基本原理同中国实际国情相结合的产物，是独一无二的。国有企业是我国国民经济的支柱，国有企业的改革和发展关系着国家的经济安全和中国特色社会主义制度的发展与完善。当前，伴随着现代企业制度的建立，国有企业的发展面临着巨大的挑战。在建立现代企业制度的同时，要充分考虑我国的政治、经济、社会基本制度。因此，在充分借鉴国际公司治理经验的基础上，深入开展新时期背景下的国有企业政治治理对公司决策的影响研究这一课题，对不断丰富中国特色社会主义的实践特色和理论特色，具有重大的理论价值和现实意义。

与其他国家典型的公司治理模式相比，我国国有企业的公司治理有着非常重要的特征，即党委会代表的政治治理。这是我国国有公司治理的一大特色，但也使得现代公司制企业治理结构的主体框架——董事会、监事会以及管理层与传统企业制度中的党委会关系更为复杂。同时，目前我国国有企业存在着"内部人控制"、外部治理机制缺失等问题，也是国有企业中政治治理存在的现实基础。面对越来越突出的董事会与党委会职能定位模糊、权力和角色冲突等问题，本书以国有上市公司中政治治理这一行为为研究对象，将影响企业的政治主体视角从外部政府部门扩展到企业内部的政治治理，研究国有企业中政治治理的制度背景、相关理论、参与方式以及对企业决策和行为的影响，构建了政治治理的理论模型。通过构建新的关于政治治理水平的指标体系，依次检验了国有企业政治治理对公司内部人控制导致的代理问题、高管薪酬契约和公司雇佣行为的影响，以及其最终如何发挥治理效应。

根据实证分析结果,本书的主要结论如下:

(1) 我国国有上市公司中,政治治理有助于对经理人行为产生制约,抑制内部人控制问题产生的代理成本;降低公司高管人员的绝对薪酬,抑制高管攫取超额薪酬的行为,同时缩小高管与普通员工之间的薪酬差距。本书的结果进一步支持了卢昌崇(1994)、李稻葵(1999)和 Qian(2000)的观点,即党的人事任免权是国有企业内部人控制的最重要的平衡力量,党委会对经理人员私利行为构成严格的制衡,职位、仕途和社会目标等激励和约束机制仍发挥重要的作用。

(2) 政治治理会影响企业的雇佣行为,增加企业的雇员规模,提供更多的就业机会。这一结果证明了除国有股东、政府部门带来的影响以外,国有企业内部政治治理也会影响企业的决策行为。

(3) 不同程度的政治治理水平发挥的治理效应不尽相同,这是因为企业的代理成本、薪酬成本以及雇佣成本会随着政治治理程度的变化呈现出此消彼长的变化,最终企业的政治治理水平与公司治理水平呈倒"U"形曲线关系,即存在着一个最优的政治治理程度,发挥最好的公司治理效应。

本书是基于我国特色的公司治理理论开展的探索性研究,其创新点就在于突破了以往对政治制度影响企业行为的研究,从公司内部政治治理的视角考察了国有企业中政治治理对公司决策和行为的影响。研究结果证明,除政府部门、国有股东外,企业内部的政治治理也是政治制度影响企业的一个方面,为政治关联相关研究提供了新的视角,丰富了相关领域的研究成果以及中国特色的公司治理理论。本书的研究进一步揭示,在现阶段不断丰富和深化中国特色的现代企业制度的实践和理论的背景下,如何有效探索和实施政治治理的具体内容和方式,需要在实践中对这一行为进行制度化的设计,并进一步关注高管薪酬激励机制的有效性以及相应的人员考评体系。

# 目录

## 第一章 引言 ... 1
### 第一节 问题的提出 ... 3
### 第二节 研究目标、研究内容和技术路线 ... 11
### 第三节 研究方法与创新点 ... 16

## 第二章 相关文献回顾和述评 ... 19
### 第一节 相关理论基础 ... 21
### 第二节 政治关联的成本 ... 31
### 第三节 政治关联的研究现状 ... 34
### 第四节 政治与经济、企业的关系研究 ... 46
### 第五节 文献评析 ... 55

## 第三章 我国国有企业政治治理的制度背景 ... 59
### 第一节 我国企业政治治理的发展历程 ... 61
### 第二节 国有企业政治治理的内容与方式 ... 72
### 第三节 目前政治治理存在的问题 ... 78

## 第四章 政治治理行为与效果的理论分析 ... 83
### 第一节 核心概念框架 ... 85
### 第二节 政治治理与代理问题、高管薪酬契约 ... 89
### 第三节 政治治理对雇佣决策的影响 ... 96

第四节　政治治理对公司治理水平的影响 …………………… 99

**第五章　政治治理与代理成本、高管薪酬的实证检验** …………… 103
　　　第一节　理论分析与研究假设 …………………………………… 105
　　　第二节　研究设计 ………………………………………………… 107
　　　第三节　实证分析 ………………………………………………… 113

**第六章　政治治理对雇佣决策的影响研究** ………………………… 141
　　　第一节　理论分析与研究假设 …………………………………… 143
　　　第二节　研究设计 ………………………………………………… 145
　　　第三节　实证分析 ………………………………………………… 149

**第七章　政治治理对公司治理水平的影响研究** …………………… 157
　　　第一节　理论分析与研究假设 …………………………………… 159
　　　第二节　研究设计 ………………………………………………… 160
　　　第三节　实证分析 ………………………………………………… 163

**第八章　研究结论及展望** …………………………………………… 171
　　　第一节　研究结论与启示 ………………………………………… 173
　　　第二节　研究局限及展望 ………………………………………… 175

**参考文献** ……………………………………………………………… 177

**致谢** …………………………………………………………………… 204

# 第一章 引 言

作为本书的起点,本章将结合现实提出问题,并在此基础上明确研究意义,介绍主要内容和创新点,最后概括出本书的研究方法和技术路线等。

## 第一节 问题的提出

### 一、研究背景

#### (一) 政治关联成为研究热点

政府与市场的关系一直以来都是经济学研究的核心问题,也是世界各国经济发展过程中不可回避的一个重要问题。凯恩斯(1936)认为,市场会出现失灵,政府必须对市场实施必要的和适度的干预。此外,继 North(1981,1990)对制度开创性的贡献之后,大量研究开始关注制度尤其是政治制度对经济增长的重要作用(Shleifer and Vishny, 1993; Delong and Shleifer, 1993)。与政治关联有关的研究已经成为近年来财务金融、制度经济学、公司治理、法与经济学等方面的热点问题,并形成一个较新的研究热点和前沿课题。自 20 世纪 90 年代以来,政治制度对企业微观经济的影响逐渐得到了国外学者们的重视和研究。

政治关联是一个世界性的问题。就政治对企业行为的影响,目前主要有两种不同的观点。有研究表明,政治对企业的影响可能会为企业带来很多利益,如获得银行贷款、政府补贴和订单、税收优惠等;同时,也可以作为一种法律保护的替代机制发挥作用,如保护私有产权免受侵害(Chen et al., 2005; Bai et al., 2006)。但是,也有研究认为,政治关联也可能将政府的政治目标、社会目标或经济目标加到企业身上,使企业承担更多的负担。很多学者同时支持以上两种观点,认为这两种情况都存在。Faccio and Lang（2002）认为，企业为寻求政治关联进行的寻租活动的成本可能会抵消获得政治关联所带来的优势。Shleifer and Vishny（1994）认为，企业由于政治联系而获得的政府补贴并不是免费的，很有可能要为政府或政治家承担其政治目标。因此，政治因素对企业的影响是多方面的。但无论如何，政治关联已经成为近年来国内外学者们研究的热点。

我国正处于从计划经济向市场经济的转型过程中，政府和市场一样在资源配置中具有十分重要的地位。例如，我国商业银行体系的主要组成部分是国有银行，其在整个银行体系中占有非常重要的位置，政府作为国有银行的最终所有者，仍然主导着银行信贷配置资源。在我国的经济体系中，国有经济是国民经济的领导力量，在整个国家经济体系中具有举足轻重的作用，保障着国家经济的巩固和发展，而目前资本市场上绝大多数上市公司都是国有企业改制而来，因此政府作为国有经济的绝对或相对控股股东，与国有企业具有"天然的血缘关系"。随着改革开放的深入，民营企业也成为国民经济的重要组成部分，促进了国民经济的快速发展。民营企业为了更好地发展，积极参与政府倡导的各种活动，以建立与政府的良好关系。企业与政府之间的政治关联以及政府对企业实施的政治影响是各国经济发展过程中的一种普遍现象。

### （二）我国企业政治关联的特殊性

我国企业政治关联的特殊性与我国独特的政治制度密不可分。我国的政治制度是马克思主义基本原理与中国现实国情相结合的产物，具有伟大的创造性和现实的合理性。由于与美国等国家具有不同的政治体制和制度，我国的政治关联也表现出不同的地方。我国政府层级类似于"M"形组织[①]

---

① 东欧和苏联的组织结构是一种以职能和专业化"条条"原则为基础的单一形式（"U"形经济）；而中国的层级制自1958年以来就存在以区域"块块"原则为基础的多层次、多地区形式（"M"形经济）（Qian and Xu，1993）。

（Qian and Xu, 1993）。尤其是分权改革之后，地方政府在地方经济中扮演着更为重要的角色，地方重要官员直接由中央任命。国外研究政治关联的论文较多是关于政治选举对公司行为的影响，如政治选举与公司投资、融资以及公司绩效之间的关系（Julio and Yook, 2012; Yonce, 2010; Goldman et al., 2006）。我国不存在人为操纵经济波动而谋求当选的机会主义行为。此外，在我国，党组织形成的系统网络，覆盖了全部社会单位，包括我国的国有企业。企业党组织是党的基层组织，是企业中重要的组织资源、政治资源和人力资源，在企业中具有举足轻重的地位。因此，研究我国的政治关联，一定要考虑到我国特殊的政治体制和政治制度。

### （三）国有企业的政治治理

在我国，国有企业的政治治理主要是通过企业党委会实现的。国有企业是党执政的重要经济基础、阶级基础和群众基础。处在国有企业改革与发展第一线的党的基层组织——国有企业党委会，是党在企业的战斗堡垒，是把党的路线、方针、政策和各项工作任务落实到企业的重要载体。因此，国有企业内部的党委会是党和政府在企业内的政治体现。2016年习近平总书记在全国国有企业党的建设工作会议上强调，坚持党对国有企业的领导不动摇，"坚持党对国有企业的领导是重大政治原则，必须一以贯之；建立现代企业制度是国有企业改革的方向，也必须一以贯之。中国特色现代国有企业制度，'特'就特在把党的领导融入公司治理各环节，把企业党组织内嵌到公司治理结构之中，明确和落实党组织在公司法人治理结构中的法定地位，做到组织落实、干部到位、职责明确、监督严格。"

经济体的治理结构和治理机制是制度的存在形式之一，是经济体的一种内生的制度安排。我国的经济体内一般都有党的基层组织，并作为治理结构和治理机制的组成部分而存在。例如在我国的国有企业法人治理结构中，"党委会是企业法人治理结构的一个不可或缺的组成部分。缺了这个组成部分，国有企业的法人治理结构就不健全，就难以适应我国社会政治结构的要求"。① 这些基层党组织存在各微观经济体内，接受上级党组织领导的同时，将上级党组织的意志贯彻于所在经济体内。② 党组织参与公司治理、发挥领导核心和政治核心作用也成为我国国有公司治理的一大特色。③

　　党组织参与企业的经营和管理是具有独特的历史缘由的。从国企党组织发展历程来看，随着我国经济建设、国企改革进程的不断深入，国企中党组织的事权和参与国企治理的方式有所差异，但其在国企中的领导核心作用一直未曾改变，这说明党组织参与公司治理有较好的制度基础④。我国《公司法》《中国共产党章程》的有关规定更是明确了国有企业党委会参与公司治理的主体资格和领导核心作用。《公司法》第19条规定："在公司中，根据中国共产党章程的规定，设立中国共产党的组织，开展党的活动。公司应当为党组织的活动提供必要条件。"《中国共产党章程》第33条第2款规定："国有企业党委（党组）发挥领导作用，把方向、管大局、保落实，依照规定讨论和决定企业重大事项。国有企业和集体企业中党的基层组织，围绕企业生产经营开展工作。保证监督党和国家的方针、政策

---

　　① 孙振声. 推进国企党建改革创新. 湖北日报，2010-12-08，来自人民网 http://theory.people.com.cn/GB/13430597.html.

　　② 马丽，马国钧. 论党的作用是经济增长的内生变量. 学术交流，2011（4）：1~7.

　　③ 2016年10月10日习近平总书记在全国国有企业党的建设工作会议上的讲话指出："中国特色现代国有企业制度，'特'就特在把党的领导融入公司治理各环节，把企业党组织内嵌到公司治理结构之中，明确和落实党组织在公司法人治理结构中的法定地位，做到组织落实、干部到位、职责明确、监督严格。"

　　④ 详见本书第三章第一节内容。

在本企业的贯彻执行;支持股东会、董事会、监事会和经理(厂长)依法行使职权……参与企业重大问题的决策……。"但是,随着现代企业制度的建立,董事会是法定的公司经营决策机构,在公司的常设机构中,只有董事会做出的决策具有强制执行力和约束力,因此,党委会与董事会可能会产生冲突。例如,在公开招募人才方面,党委会的"党管干部、党管人才"原则可能会和董事会、经理层的市场化招聘原则产生冲突。因此,在我国国有上市公司治理中正确处理两者之间的关系,明确划分各方的职责权限和范围,并将其制度化和规范化,对处理党委会和现代公司治理结构之间的关系具有重要的现实意义。

在当前经济全球化和企业国际化的背景下,伴随着我国现代企业制度的建立,国有企业的发展及其党组织发挥政治优势不管是从外部环境还是从内部机制建设方面都面临着巨大的挑战。国有企业能否在建立现代企业制度的基础上结合自身实际,将党组织这一特色融入其中,是实现和谐治理、构建和谐社会的基础,也是建立现代企业制度的本质要求。也正因为如此,探究党组织在企业中发挥的领导核心和政治核心作用的路径及其效果,是我国国有企业改革和发展亟待研究和解决的问题。

### (四)政治治理的机制与效应

我国的国有上市公司大多是国有企业改制而来的,上市以后改变了其纯国有的性质,国有资产管理体系也相应地发生了变化。2003年管理国有资产的专门机构——国务院国有资产监督管理委员会成立,改变了原来国有企业只属于中央政府或地方政府的行政领导体制,确立了国有上市公司在设立、经营、管理上的"三级体制"。如图1.1虚线框外的部分所示,最高一级管理体制是各级国资委和政府职能部门,对国有资产进行行政监督和管理,但不具有资产运营的职能;居中的是国有投资公司,专门从事国有资产投资、经营,对公司集团的国有资产进行经营和管理;最低一层体制就是上市公司本身,公司内部按照现代企业制度构建各公司治理主体机构。

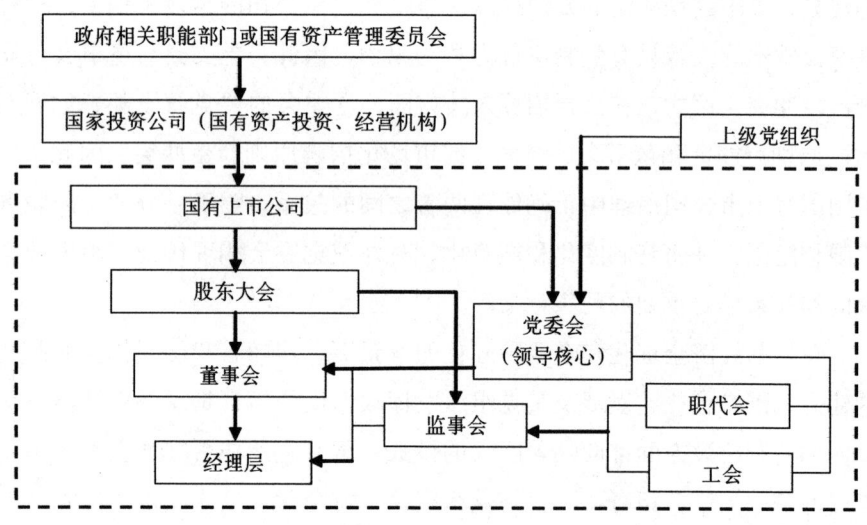

图 1.1 国有上市公司三级管理体制与治理结构

在图 1.1 虚线框中,公司的股东大会是公司的最高权力机关;董事会是国有控股上市公司的经营决策机构,直接对股东大会负责;经理层对董事会负责;而监事会是上市公司的监察机构,对股东大会负责。此外,在公司中,除了公司治理结构的主体部分外,还要按照《公司法》和《中国共产党章程》的要求,设立各级党组织,在企业内部开展党的活动。① 党的章程规定:"国有企业党委(党组)发挥领导作用,把方向、管大局、保落实,依照规定讨论和决定企业重大事项。国有企业和集体企业中党的基层组织,围绕企业生产经营开展工作。保证监督党和国家的方针、政策在本企业的贯彻执行;支持股东会、董事会、监事会和经理(厂长)依法

---

① 详见《公司法》第 19 条。

行使职权；全心全意依靠职工群众，支持职工代表大会开展工作；参与企业重大问题的决策。"。① 我国的三级资产管理体系以及党组织成为公司治理主体中的一部分，在体现了党和国家的立法意图的同时，也是对我国国有上市公司治理现状和所面临问题的一种现实安排。②

从公司这一微观主体来看，我国的政治关联不同于其他国家的地方就表现在我国的党组织直接深入企业内部，通过成立基层党组织，直接参与公司的重大经营决策，成为公司治理结构的一部分。因此，在研究中国的政治关联时，除了政府行为以外，还需要考虑另一种政治主体——企业基层党组织。但是，目前国内学者对于这一中国特色的政治关联形式并未给予足够的重视，大多停留在理论分析和经验探讨上。本书认为，在政治关联成为研究热点的当前，党组织作为一个在企业内部存在的政治组织，其政治优势与公司治理结构之间的内在联系及辩证关系如何，其作用的发挥究竟是通过何种路径作用于公司治理的，作为一种独特的政治制度，其有效性及作用路径到底如何，是值得深入探讨的问题。

## 二、研究意义

本书以我国国有企业党组织代表的政治治理为研究主体，结合我国国有企业的制度环境和实际背景，研究企业的政治治理对企业决策和治理水平的影响，并提出相应的政策建议。开展以上研究，一定程度上丰富了中国特色的公司治理理论以及政治关联的相关研究，其研究结果为我国优化国有企业改革提供了参考，有着较强的理论价值和现实意义。

---

① 详见《中国共产党章程》第 33 条第 2 款。
② 李东方，李崇军. 党委会参与公司治理的法律分析. 经济法论坛，2011：73~84.

## （一）理论意义

本书的理论意义体现在以下三个方面：

（1）从我国特有的公司治理特征出发，研究国有企业中政治治理对企业决策的影响，丰富了中国特色的公司治理理论。

（2）通过对现有政治关联相关理论的梳理和整合，区分不同的政治主体，为政治关联相关研究提供了新的研究视角，将研究视角从外部政府部门扩展到企业内部的政治组织，区分不同主体对企业行为的影响效果。

（3）验证了除国有股东和政府部门以外的第三种作用路径的存在，丰富了不同政治体制下，政治影响企业行为的相关理论和研究。已有文献主要研究来源于，国有股东和政府部门两种途径的政治主体对企业的影响，本书从国有企业党委会参与公司治理的现实情况考察其对公司雇佣行为以及薪酬契约的作用，验证第三种作用途径——通过国有企业内部政治治理影响企业行为的存在，并从影响主体、影响路径和影响方式等不同角度探讨与其他政治主体的不同，拓宽了政治关联与公司治理领域的文献，丰富了相关领域的研究成果以及中国特色的公司治理理论。

## （二）现实意义

在中国计划经济和改革时期，国有企业在相当长的时间里处于"以政代企、政企不分"的制度安排状态，企业生产力发展滞后。当前，国有企业党的建设与公司治理如何结合以提高企业生产力尚处于探索研究阶段，带有强烈的经验色彩。基于此，本书的现实意义主要有：

（1）我国目前正处在经济转轨时期，本书的研究结合我国具体的国情，为实现"老三会"与"新三会"的合理对接，完善公司治理结构，探讨有中国特色的公司治理创新实践提供参考。

（2）为正确处理董事会和党委会之间的关系，发挥党组织的领导核心和政治核心作用提供建议。

（3）党组织能够通过"党管干部"以及参与决策等方式影响企业行为和决策，为相关部门优化政企关系、党企关系以及国有企业改革提供了参考。

# 第二节　研究目标、研究内容和技术路线

## 一、研究目标

本书以我国特有的公司治理特征为基础，探讨我国政治制度影响公司治理理论的不同之处，提出政治制度影响企业的第三条路径——国有企业政治治理，并深入剖析政治治理影响企业行为的方式和路径，建立政治治理的理论分析框架，在此基础之上，实证检验其影响结果，探讨政治治理的监督效应和决策效应，以及对治理水平的影响。通过研究结论，结合我国上市公司的具体环境，提出适合我国企业发展的政策建议。

## 二、研究内容

本书研究的是我国国有公司中的政治治理对公司行为的影响，为此本书按以下路径研究这一问题，具体章节安排如下：

第一章为引言，主要是概述本书的主要内容。首先，根据目前的研究背景提出要研究的问题以及意义所在；其次，阐明本书的研究目标、

研究思路以及研究内容；最后说明主要使用的研究方法和本书的创新点。

第二章为相关文献回顾和述评。本书的文献综述部分拟从如下逻辑对相关的研究进行综述：首先是对有关公司治理的相关理论进行概述，由于本书主要是从政治关联的角度进行研究，故在第二节和第三节里对政治关联的成本和研究现状进行了综述；其次是以政治制度为对象，对国内外关于政治制度与企业关系的相关文献进行综述。

第三章为制度背景介绍。首先，本章回顾了政治治理在我国国有企业中的地位和作用经历了哪些阶段和变化，其历史沿革是什么；其次，对政治治理的具体方式和内容进行了分析；最后，对目前我国国有企业中政治治理存在的问题进行了总结。

第四章为理论分析。主要是理论分析我国国有企业政治治理的路径、作用方式以及最终效果。首先，从我国国有企业中普遍存在的"内部人控制"现象以及"薪酬管制"现象出发，从理论上分析我国政治治理的监督职能是对企业经理人行为产生制约和约束的重要力量，进而提出政治治理会对高管的代理成本以及薪酬成本产生影响。其次，从政治关联角度分析了政治治理如何作用于企业的决策行为，最终对企业的雇佣决策产生影响。最后，在前面关于代理成本、薪酬成本以及雇佣成本研究的基础上，进一步研究这些成本对企业公司治理的影响，探讨政治治理在公司中发挥什么样的治理效应。

第五章为政治治理对代理成本、高管薪酬影响的实证研究。以2008—2010年我国A股国有上市公司中披露了党委会成员在公司董事会、监事会以及经理层中任职信息的公司为样本，研究政治治理对经理人的代理成本、薪酬成本的影响。研究结果发现，国有企业政治治理水平与代理成本、薪酬成本负相关，这表明，政治治理可以在监督和制衡经理人行为上产生影响，降低内部人控制问题的产生，进而减少代理成本；同时，"党管干部""党管人才"的原则，使得企业高管的政治晋升激励大于薪酬激励，促使高管们积极响应国家的"限薪令"等规定，主动发挥带头作用，降低自身薪酬。

第六章为政治治理对雇佣决策影响的实证研究。研究政治治理作为政治影响企业的一种途径，是如何对企业的雇佣决策产生影响。本章以雇员规模为研究对象，研究结果表明，国有企业政治治理水平与雇员规模正相关，即国有企业政治治理会促使企业雇用更多的员工，提供更多的就业机会，维护社会稳定。

第七章为政治治理影响公司治理水平的实证研究。研究政治治理对企业公司治理水平的影响。本章在前面两章实证研究的基础上，对前面两章的研究结果进行进一步的检验。随着政治治理程度的深入，在减少代理成本和薪酬成本的同时，雇佣成本也相应增加。研究结果表明，综合成本与企业的公司治理水平呈倒"U"形关系，即公司治理水平随着政治治理水平先升后降，存在一个最优的政治治理水平。

第八章为研究结论与展望。在总结前述研究的基础上，为后续的研究提出展望。

## 三、研究的逻辑框

依据研究目标，本书的逻辑框架如图 1.2 所示。

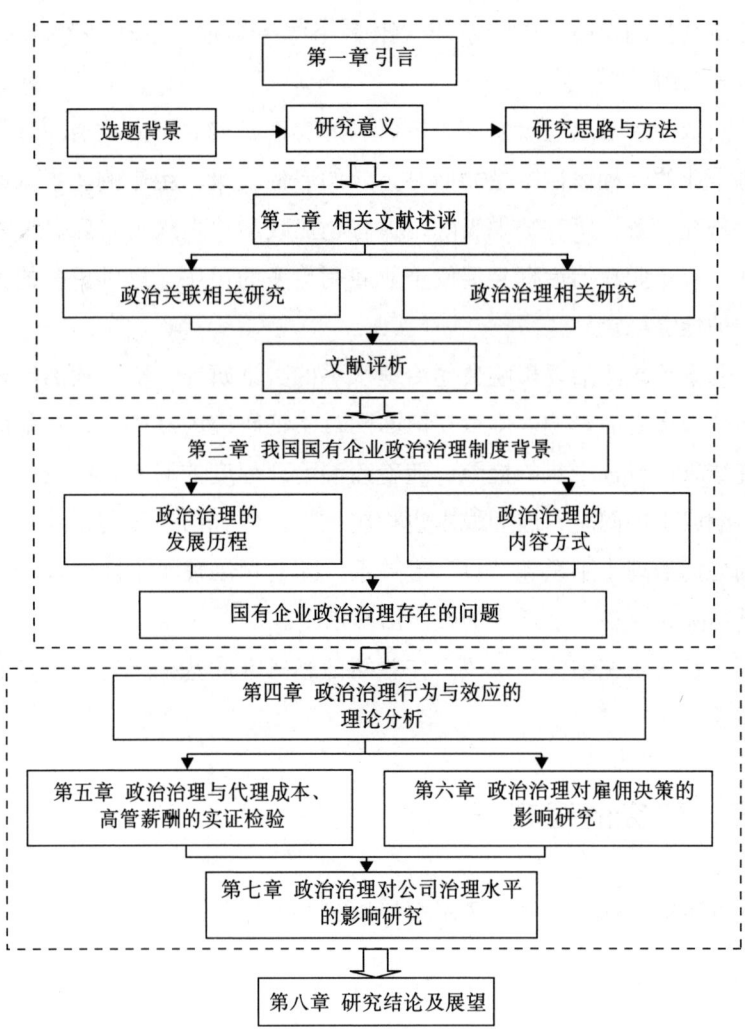

图 1.2 逻辑框架

## 四、技术路线图

本书的技术路线如图1.3所示。

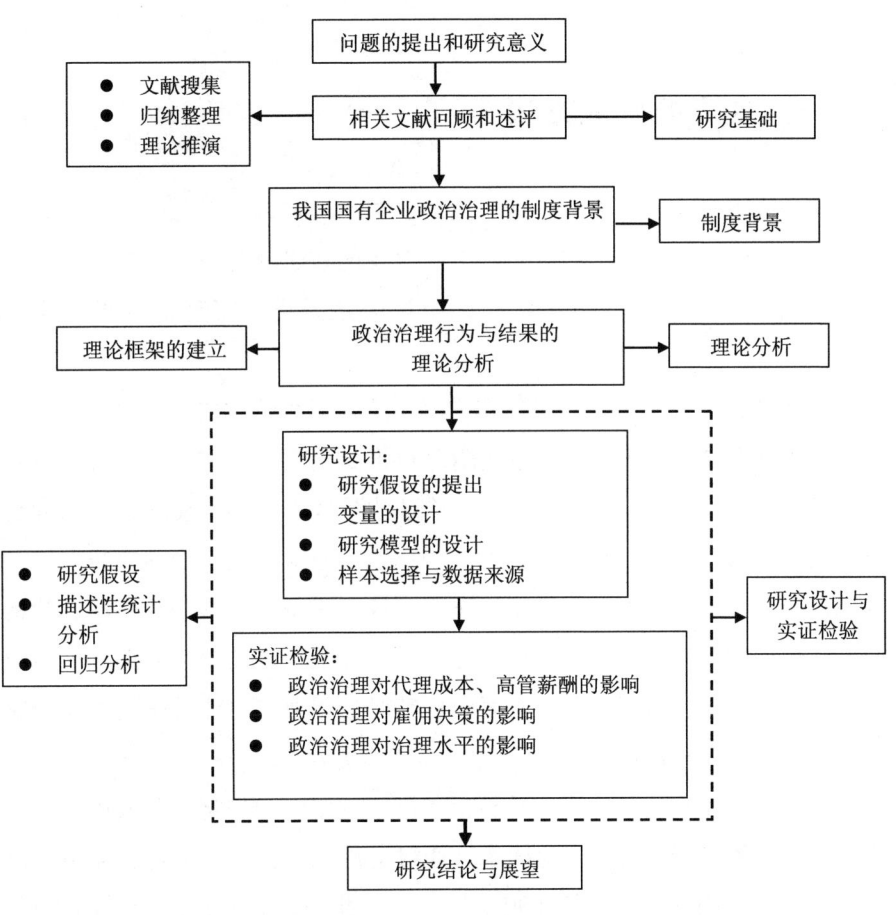

图1.3 技术路线

## 第三节　研究方法与创新点

### 一、主要的研究方法

本书以国有企业政治治理这一我国公司治理最大特点为研究对象，综合运用了规范分析方法、实证分析方法以及比较研究等方法，对我国国有上市公司中政治治理的作用路径以及影响效果进行了理论分析和实证检验。

（1）规范分析方法。规范研究方法主要是运用哲学的观点和方法从一般的抽象概念和原理出发，通过逻辑分析推断出结论。在研究国有企业政治治理的效果时，从党委会参与公司治理的具体方式和路径——"双向进入、交叉任职"这一领导体制出发，研究这一方式对政治治理监督效应和决策效应的影响，提出政治治理的作用路径。采用逻辑推演的方法，分析政治治理通过何种路径影响公司行为，并从政治治理的两大职能——监督职能和参与重大决策职能两个方面分析其对公司决策可能带来的影响，实现本研究的理论分析目标。

（2）实证研究方法。实证分析以披露了党组织中的党委会成员在公司中任职信息的国有上市公司为样本，通过运用党委会与董事会、监事会以及管理层"双向进入、交叉任职"情况这一指标，衡量政治治理的水平，对其影响代理成本、高管薪酬以及雇员规模的效果进行检验，并检验其对公司治理水平的影响。其中，采用普通最小二乘法进行初步检验，并在此基础上，运用 Heckman 两阶段法对结果进行了检验，以保证结果的稳健。

（3）比较研究方法。近年来，政治关联相关研究成为各国学者关注的热点，国内外众多学者已经从不同的视角对政治影响企业这一行为进行了研究，并得出了一系列研究成果。由于国内外制度背景的差异，本书基于制度理论的视角对研究成果进行了比较，从影响主体、影响路径以及影响方式的不同角度，总结和归纳了与之前相关研究成果的不同之处，并对结果进行对比分析，以检验其中的差异和相似之处。

## 二、本书的创新点

相对于已有研究，本书可能的创新点包括：

（1）本书为政治关联相关研究提供了新的研究视角，将研究视角从外部政府部门扩展到企业内部的政治治理，区分不同主体对企业行为的影响效果。现有关于政治关联的研究，主要集中于政府部门，并未进行区分，但是，政府与企业内部的政治治理行为相互交织但又不完全相同，对企业的影响方式和路径也各异，因此，有必要从企业内部政治治理的角度，深入企业内部研究其作为政治制度的一种方式为企业带来的影响，拓宽政治关联相关研究的视角。

（2）已有文献主要研究来源于国有股东和政府部门两种途径的政治主体对企业的影响，本书从国有企业政治治理的现实情况考察其对公司代理问题、雇佣行为以及薪酬契约的作用，验证了第三种影响途径的存在，并从影响主体、影响路径和影响方式等不同角度探讨与其他政治主体的不同，拓宽了政治关联与公司治理领域的文献，丰富了相关领域的研究成果以及中国特色的公司治理理论。

（3）在将现有理论进行整合的基础上，结合我国政治治理的实际内容和形式，通过"双向进入、交叉任职"这一领导机制构建新的政治治理指标体系，从更加客观的角度探究了政治治理有效性的作用路径和效果。目前基于政治治理在公司治理中的作用，大量的研究仅停留在理论的探讨和分析上，而对于其究竟有没有发挥作用，如何发挥作用，以及发挥作用的效果并没有进行系统的论证和检验，相关探讨仍处于表面，更深入地是要从其作用方式和路径入手，完善其监督和参与决策职能的发挥，也为实践中的政治治理提供参考。

## 第二章
## 相关文献回顾和述评

在厘清了研究内容与研究思路的基础上,本章分别从公司治理和政治关联的相关理论基础和研究现状两个方面对国内外的研究文献进行了梳理和评析。首先,对公司治理的相关理论进行了论述,并指出本书主要是从政治关联理论的视角进行研究,对政治关联的相关理论以及研究现状进行了回顾,分别从政治关联的动机、路径以及后果等角度进行概述;其次,就政治与企业关系的国内外相关研究进行了回顾,包括政治治理的相关研究现状;最后,在本章的结尾对现有文献进行了评述,从现有研究的逻辑基础、逻辑框架、研究层次以及指标应用等角度进行分析,指出本书的内容和意义所在,为后续的理论分析和实证检验提供文献支持。

## 第一节　相关理论基础

### 一、委托代理理论

企业的委托代理理论由伯利（A. Berle）和米恩斯（G. Means）于1932年开创。伯利和米恩斯通过对1929年美国前200家最大的非金融公司的考察，在1932年出版的《现代公司与私有财产》（The Modern Corporation and Private Property）一书中提出，在公司股权极其分散的条件下，经理实际上已经掌握了公司的控制权，即"所有权与控制权分离"的命题。后来，勒纳（Larner）调查了1963年美国前200家最大的非金融公司，并与伯利和米恩斯1929年的情况进行了对比，发现管理控制型公司大量存在，而且比重从58%上升到85%，美国企业成为"经理式企业"。

委托代理理论是制度经济学契约理论的主要内容之一，是建立在非对称信息博弈论的基础上的。主要研究委托方与代理方如何在信息不对称与利益相互冲突的情形下妥善处理好双方的关系。委托代理关系起源于"专业化"的存在。当存在专业化时就可能出现一种关系，在这种关系中，代理人由于相对优势而代表委托人行动。该理论以"经济人"假设为核心，以两个基本假设为前提。第一，委托人与代理人之间信息不对称。委托人不直接参与经济活动，无法及时掌握交易信息，同时获取信息的渠道亦非常有限；而代理人是经济活动的直接参与人，拥有绝对的信息优势。第二，双方动机不一致，代理方的目标是追逐个人经济利益最大化。当委托人的利益与代理人的利益相矛盾时，加之相关激励与制约机制的缺失，代理人就很可能会以牺牲委托人的利益为代价以追求个人利益。

由于所有权与经营权的分离,在理论上出现以研究委托代理关系为核心的委托代理理论。现代意义上的委托代理关系是指当事人双方的其中一方委托另一方代理自己行使某些决策权,形成公司内部委托代理关系。作为委托人的资本所有者,其目标是追求资本收益即利润最大化;作为代理人的经营者,其目标是追求个人报酬(包括货币收入和非货币收入的在职消费等效用)的最大化。然而,二者的目标往往并不完全一致。代理人为了实现自己的目标有可能损害委托人的目标,为此委托人必须对代理人进行有效的激励和约束,包括公司的内部规范、监督体制和管理者报酬等,也包括外部的经理人市场、股票市场、产品市场的竞争压力以及法律、道德的约束。

## 二、利益相关者理论

利益相关者理论(Stakeholder Theory)发源于 20 世纪 60 年代的英美国家,这些国家长期遵循的公司治理模式都是外部控制型。利益相关者理论与传统的股东至上理念具有很大的区别。利益相关者理论认为,不仅是股东,公司的员工、债权人、供应商等群体都是企业"专用性资本"的投入者,也是企业风险的承担者。因此,这些利益相关者是企业在持续发展过程中不能缺少的,在为股东利益服务的同时,保护其他利益相关者的利益也是公司的必要之举。

当下,大家已经广泛接受了利益相关者参与公司治理这一观点。弗里曼(Freeman)等经济学和管理学家早在 20 世纪 80 年代初就针对公司治理结构进行了详细的分析和论述,并且对利益相关者现象进行了经验检验(Freeman and Reed, 1983)。Blair(1995)指出,公司不该仅服务于股东,还应该作为一个组织,承担其应有的社会责任,股东拥有优先责任,部分剩余风险则转移给了其他的利益相关者。股东可以通过多样化的投资分散其风险，将其对某公司的持股作为投资组合的一部分，以分权和制衡为核心的公司治理改革应该将更多的权力分给除股东以外的其他利益相关者。此外，多个国家和组织都针对维护利益相关者权益颁布了相关的准则和报告。例如，英国的 Hampel Report（1998），经济合作与发展组织（OECD）的《OECD 公司治理原则》（1999），还有美国商业圆桌会议公司治理声明等。这些原则和报告都突出了利益相关者的地位。事实上，欧洲的德国、瑞士等国家中，工会和员工这类典型利益相关者都是公司治理重要的参与主体。

在我国，学者们对于利益相关者的关注始于 20 世纪 90 年代。杨瑞龙（1997，1998，2000，2001）和李维安（1999，2001）等学者做了大量研究。杨瑞龙、周业安（1998）认为，将企业作为利益相关者的契约集合，可谓是现代企业理论最为重要的发现之一，这说明企业所谓的权威不过是契约选择的结果。单边治理合约对于简单交易是相对有效的，相比较而言，共同治理合约更适合复杂交易。尤其是考虑到契约的产出效应，共同治理合约的交易效率更高。企业的目标不能单纯地将股东利益最大化作为唯一标准，而应当不断地发展壮大，以满足和协调利益相关者的利益。这一研究为利益相关者参与公司治理奠定了理论基础。李维安（1999）则与杨瑞龙等学者的研究角度有所不同，他主要研究利益相关者作为一种公司治理机制发挥的作用，并首次提出了"经济型的治理模式"，认为利益相关者是外部治理机制的重要组成部分。利益相关者的重要性也在《中国公司治理原则（草案）》中加以体现（南开大学中国公司治理原则研究课题组，2001）。崔之元（1996）研究发现，美国多数的州在其公司法中，将为利益相关者服务视为经理人职责，股东则仅是利益相关者的一个部分。公司法中的这一变革颠覆了私有制逻辑，可谓是美国政治经济方面的重大意义事件。由于利益相关者已经是公司治理必不可少的部分，通过构建利益相关者指数，李维安、唐跃军（2005）对利益相关者参与上市公司治理的情况和保护状况进行了考察，发现利益相关者指数与企业的盈利指标存在正相关关系，验证了利益相关者机制对于企业的价值和盈利水平具有增强的作用。

在公司治理实务方面，我国的证监会和原国家经济贸易委员会参考《中国公司治理原则（草案）》所制定的《上市公司治理准则》中也有专门规定，明确了利益相关者的范围和边界，指出利益相关者包括主要债权人（包括银行）、职工、供应商、消费者和社区等，并明确指出利益相关者对公司有知情权，对于权益有求偿权，有权通过信息沟通参与公司治理。针对利益相关者的界定、权力和在公司中的治理作用和地位，《上市公司治理准则》给出了框架性的规范，这一准则在制度层面奠定了利益相关者参与公司治理的法律基础。

另外，不同国家利益相关者的主要表现形式不尽相同，各利益相关者团体发挥的作用也各异。如德国最突出的利益相关者是工会，工会在德国受到法律的充分保护，在代表和维护雇员利益上发挥强大的作用；日本最重要的一类利益相关者则是银行，主银行制度是日本公司的一大特色，形成了股东、主银行、员工共同参与治理的多边治理模式。现阶段我国上市公司的治理结构中，资本市场、银行、工会等外部监督的作用还比较有限，而企业内部行政监督职能却一直贯穿始终。党委会是企业内部，尤其是国有企业组织结构中必须设置的机构，代表党和国家的利益，并且根据《公司法》的相关规定，党组织可以参与公司重大决策，因此是我国公司中主要的利益相关者之一。以往学者们在研究这一问题时，往往站在传统党建的角度去思考和探索企业党建的方式方法，忽略了站在企业的角度，党组织是企业重要的利益相关者这一客观存在的事实。

## 三、政治经济学相关理论

一直以来,理论界始终围绕政府与市场的分工,政府和经济的相互关系,政府在经济活动中扮演的角色等问题进行争论。而广泛存在的信息不完善与市场的不完备致使市场发挥的作用非常有限,凯恩斯主义的"政治干预理论"认为,在诸如外部性、公共物品、垄断等方面,市场并不能有效地解决问题,达到资源的优化配置与社会福利的最大化,即存在所谓的"市场失灵"。因此,经济生活的某些领域需要政府的积极干预,政府在经济生活中不能仅起到一个"守夜人"的作用,对市场进行必要的、适度的干预,用"看得见的手"来校正"市场失灵",是市场经济发展的内在要求和必然趋势。从理论上来说,政治干预的范畴十分广泛,所有影响经济主体选择的政治行为都属于它的范畴。

政治干预理论与古典经济学之前的重商主义经济理论是一脉相承的,而第二次世界大战后凯恩斯主义的兴起标志着政治干预理论的正式形成。凯恩斯主义以国家干预主义为蓝本,建立了一套系统而完备的宏观经济理论与政策。至此,经济干预理论成为现代西方经济学的主流思想,而"政府干预理论"也是在此基础上形成的。直到 20 世纪 70 年代,西方发达国家的经济出现了滞涨,备受推崇的凯恩斯主义遇到了挑战,"政府干预理论"备受争议,研究视角转向政府失灵、政策无效等问题,自由放任的经济思想开始复苏,主张市场机制应该作为资源配置基本手段的呼声不断。随着新自由主义经济思潮的兴起,新型经济自由政策在 70 年代末 80 年代初逐渐得到西方发达国家的重视并开始推行。但是这种经济自由政策仅仅延续到 90 年代初期,经济衰退便又一次侵袭了西方发达国家,凯恩斯主义重新获得重视,政府干预理论又开始盛行。均衡发展理论中英国罗森斯坦(P. N. Rosensten – rodan)的大推动理论(the Theory of the Big – push)、美国经济学家钱纳里（Chenery）等的两缺口模型、英国经济学家刘易斯（A. Lewis）的二元结构理论等都为政府干预经济理论提供了坚实的理论基础和可供选择的行为模式。市场经济的基本构型也由企业、市场的二元博弈变成了企业、市场与政府之间的三足鼎立。

纵观中国经济的发展历程不难发现，过去 30 多年的发展成果与政府密切相关。1978 年中国的分权化改革成为中国经济转型过程中最为重要的制度安排之一，具有明显的地方分权特征，极大地激励了地方政府加快发展地区经济的积极性，同时加剧了市场的竞争以及地区间的竞争，使得地方政府对地方经济的运行进行干预，尤其是当地的国有企业，成为地方政府干预经济的主要对象。为了实现地方的经济发展和经济利益，地方政府有动机也有能力积极改进机制、建立市场、争取资源，为当地企业的建立与发展谋求资源与福利。Blanchard and Shleifer（2000）对 1989 年以来中国和俄国的经济增长进行了对比分析，指出中国的经济增长要归功于政府的积极扶持，政府质量的不同是两国产生较大差异的重要原因之一。

关于政治干预的原因，国内外学者从以下几个方面进行了论述。

### （一）市场失灵（Market Failure）理论

根据古典自由主义经济学派的观点，市场是有效配置资源的最重要甚至是唯一力量，市场会被一只看不见的手所引导去实现公众的最佳福利。这一观点经历了一百多年的沉淀和思考后，直到 20 世纪 20 年代末美国出现经济大衰退，使人们意识到了古典经济学理论的局限和不足。尽管市场是有效配置资源的好的手段，但仍然会在某些状态下出现失灵。其中，公共物品、外部性、垄断以及破坏性竞争等情况都会引起市场失灵。市场失灵会引起很多社会问题，如环境污染、就业率低下、贫富两极化带来社会矛盾激增等。因此，不能仅依靠市场对经济进行调节，还需要政府进行必要的干预，以弥补市场机制的不足，政府不能仅充当"守夜人"的角色。

1936年，凯恩斯（Keynes）发表了其代表作《就业、利息和货币通论》，引起了西方经济学界的轰动。凯恩斯在总结亚当·斯密的经济学理论的基础上，针对现实中存在的问题，提出国家干预主义，认为"看不见的手"具有相当程度的盲目性，需要政府这只"看得见的手"干预经济政策以实现充分就业和经济增长，纠正市场失灵。完全的自由放任会使市场走向无序和非理性，不利于经济的发展，而适时、适当的政府干预可以帮助市场回归理性。凯恩斯的政府干预理论很好地诠释了19世纪末20世纪初的政府管制制度，同时为20世纪40年代之后的政府管制制度在发达国家的兴起和发展奠定了基础。

除了市场失灵理论以外，还有其他对政治干预的解释和观点，但都是以市场失灵理论为基础进行深化与发展的。

### （二）自然垄断（Natural Monopoly）理论

自然垄断理论是现代产业经济学理论中发展较为迅速的一个组成部分，也是政府经济性管制的重要理论之一。现实中的自然垄断行业一般以公用事业为主，为民众提供公共服务，辅之以其他一些特殊产业。这些自然垄断行业一般情况下初始投资较大，如果完全任由市场机制发挥作用，可能会产生不利于社会福利增加以及资源有效配置的结果。

最早提出自然垄断理论的学者是古典经济学家穆勒（J. S. Mill），他在1848年的《政治经济学原理》中从自然资源的特征上提出"自然垄断"这一概念，认为地租就是自然垄断而产生的后果。Adams（1887）将各类产业按照规模报酬的递增、递减以及不变分为三种类型，认为自然垄断产业属于第一种类型，需要政府进行管制，因为自由竞争无法产生良好的结果。Farrer（1902）从经济特征的角度总结了自然垄断的五个特征。Ely（1937）认为最重要的垄断是公用事业的自然垄断，提出了关于自然垄断的不同观点，并总结了自然垄断形成的三种原因：一是依靠独一无二的供应资源；二是依赖于信息封闭或者某种特定的优惠或专利；三是依赖于产业的特殊性。他认为自然垄断具有"不可竞争性"，当市场处于垄断状态，市场中的供求双方的地位会不平等，供应方处于主动地位，需求方只能被动接受，导致市场效率低下以及资源浪费。

由此可见，早期的学者对自然垄断的定义主要是与规模经济联系在一起的，现在关于自然垄断的一般观点主要包括：效率主导型、呈现网络经济特征、资产具有沉淀性与专用性以及产品的日常性。无论是规模经济还是范围经济，自然垄断主要取决于经济效率；依赖一定的产业网络为市场提供商品和服务；基础产业网络需要投入大量资金进行建设，资产专用性强、沉淀性大，并具有显著的外部性特征，为社会民众提供生活必需品和服务。这种行业仅需一家或极少数几家企业生产便可满足民众的需求，政府还应该对自然垄断产业的进入、退出标准进行限制，对质量、价格等实施管制，避免自然垄断企业因为垄断形成的优势而侵害社会民众的利益。

## （三）信息不对称（Asymmetry of Information）理论

信息不对称理论最早于20世纪六七十年代由三位美国经济学家乔治·阿克洛夫（George A. Akerlof）、迈克尔·斯宾塞（A. Michael Spence）以及约瑟夫·斯蒂格里茨（Joseph E. Stiglitz）提出。该理论是经济学的核心，是信息经济学研究领域的重要理论之一。这三位学者也因为在这一领域取得的突破性贡献荣获2001年诺贝尔经济学奖。

完全竞争市场理论中的一个必要的假设前提就是交易双方拥有完全对称的信息，但是信息不对称理论直接推翻了这一假设，指出信息不对称现象是无处不在的，市场失灵的一个重要因素就是信息不对称造成的。信息不对称理论不仅说明了信息的重要性，更研究了市场中的交易双方因为信息渠道、信息量不同而承担的不同风险和收益。在现实的交易市场上，几乎所有商品的市场交易都是在信息不对称的情况下进行的，这使得交易双方总有一方处于信息优势而另一方处于信息劣势。信息的不对等使得信息优势方有条件利用自身的信息优势在交易中获得好处,而相对"无知"的那一方因为获取信息的不完整而对交易缺乏信心,这对于商品交易来说,容易造成交易困难,成本是昂贵的。总结信息不对称存在的原因,主要有以下几个方面:一是在信息上占有优势的一方刻意封锁信息;二是信息搜寻的成本太高致使信息获取存在障碍;三是社会、劳动、专业的各种分工使交易各方知识存在差异。

信息不对称会产生道德风险和逆向选择,影响市场资源配置效率,导致市场失灵。道德风险是指在信息不对称的情况下,参与交易的一方不能有效观察另一方的行为,或者观察成本太高,一方行为的变化导致另一方的利益受到损害。Rothschild and Stiglitz(1976)通过研究保险公司设置保险费率的问题发现了逆向选择问题,即由于保险公司和投保人存在信息不对称,致使保险公司设置的保险费率一步一步导致低风险的投保人退出保险市场,只剩下高风险的投保人。同理还有"劣币驱逐良币"现象,这一原理同样适用于其他商品市场。由于逆向选择的存在,如果没有良好的道德环境和有效的制度约束,"劣质品驱逐优质品""劣币驱逐良币"的现象就会不断发生,导致生产厂商只生产低质量、低成本的商品,阻碍技术进步和市场的发展,消费者利益受到损害。事实上,除了商业和金融业,劳动力市场、租赁市场、信贷市场、医疗行业、环境保护等方面都会存在这种现象,对社会造成恶劣影响。同时,垄断也会加剧这种信息不对称问题。因此,从经济学角度讲,解决信息不对称所导致的市场失灵,需要政府进行干预,以弥补市场机制的缺陷,或者使市场信号得以显示,最终提高资源配置效率。

## (四) 外部性 (Externality) 理论

英国经济学家阿尔弗雷德·马歇尔(Alfred Marshall)1890年发表的

《经济学原理》被看作是与亚当·斯密（Adam Smith）的《国富论》、李嘉图（David Ricardo）的《赋税原理》齐名的划时代巨著，他在这一著作中首次提出了"外部性"这一概念，后经其他学者的发展和完善，最终形成了外部性理论。当一个人的行为产生的某些效益或成本不在其考虑的范围内，对旁观者的利益产生了影响但不获得或支出任何报酬，就产生了外部性（Externality）。如果这种行为增加了旁观者的利益，就称为"正外部性"，否则就称为"负外部性"（Mankiw，1997）。外部性现象在生活中普遍存在，Mill（1848）早在这一理论产生之前就举了一个典型的外部性例子，即灯塔效应。建造灯塔的人是为了个人的利益提供服务，但是灯塔一旦建成，享受这种服务的并不只是建造者个人，所有路过的船只不需要给建造者支付费用便可享受服务，因此，便没有人会建造灯塔。这时就需要政府强制性征税对建造灯塔的人给予补偿，或者直接由政府来建造、维护灯塔，确保航行的安全。

一般情况下，政府管制更多的是负外部性问题，因为负外部性会损害他人的利益却无须赔偿，由此会使得一些人为追求自己的利益而损害他人或公众利益。最著名的负外部性例子即"公地的悲剧"（Tragedy of the Commons）（Hardin，1968）。公地作为一种公共资源，每个人都有使用权，从而导致资源过度被使用以致枯竭。这一现象的例子很多，过度砍伐的森林、过度捕捞的渔业资源、被严重污染的河流等。每个人都知道资源被过度使用会导致枯竭，但由于没有人有权力和能力去阻止他人的行为，只能在尽可能争取自己福利最大化的情况下加快悲剧的发生。产权模糊不明、难以界定是公地悲剧存在的主要原因，此时就需要政府进行干预，确定产权的归属问题，消除负外部性对公众资源的滥用，提升整个社会的福利水平。但是，并不是正外部性活动就不需要政府的干预，因为有些正外部性虽然有利于他人（如上面提到的灯塔效应的例子），也需要政府进行调节和管制。如政府直接承担某些公共资源的成本，诸如建造灯塔、植树造林、美化环境等，或者强制性对路过的船只进行收费、强制规定住宅小区的绿化面积等，解决外部性问题，提高公共利益和社会福利。

总结以上几种理论，政府对经济和企业活动进行干预，有利于社会福利最大化以及弥补市场机制的缺陷，但是现有的大量研究也表明政治干预企业并不一定利于企业效率的提高（Shleifer and Vishny，1994）。由此，政治干预成本引起了学者们的关注。

## 第二节　政治关联的成本

上一节中关于政治干预原因的几种理论解释，如市场失灵理论、自然垄断理论、信息不对称理论、外部性理论以及公共利益理论都表现了政府的"帮助之手"，即政府干预是弥补市场失灵的有效机制，有助于资源的有效配置和最大化社会福利。但是同时，政府和国家也有自己的目标和利益，会为企业带来一定的成本。总的来说，政治关联的成本主要表现在代理成本、政治目标两个方面。

### 一、管理者代理成本

我国国有企业的所有者缺位问题导致政府机构对国有企业经理人的监督动机较弱，动力不足，国有企业中高管的代理成本高于民营企业（Laffont and Tirole，1993）。Kornai（1980）认为，政府对国有企业具有"父爱主义"倾向，在国有企业经营困难时，对其进行援助，防止国有企业破产。这也导致国有企业的高管人员预期到政府的援助，产生预算软约束，并使得企业管理人员可能会通过边际经济收益为负的投资项目，预算软约束加剧了国有企业高管人员的代理问题（田利辉，2005）。

Boycko et al.（1996）在对俄国的私有化问题进行解释的时候，也提出了解释预算软约束的一种思路：政府往往会让企业承担更多的雇员，解决社会的就业问题，满足政府的政治目标，但这对企业是不利的，由此便会对企业进行补贴，形成预算软约束。Lin et al.（1998）在此基础上系统地阐述了转型经济中企业的预算软约束问题，指出预算软约束的根本性问题在于企业的"政策性负担"。林毅夫、李志赟（2004）以及林毅夫等（2004）分析了政策性负担产生的原因，指出政策性负担是导致预算软约束的根源，与所有制的归属无关。他们用中国工业企业的统计资料来检验政策性负担对预算软约束的影响并得到证据的支持。林毅夫等（2004）指出政策性负担包括战略性负担和社会性负担两部分。战略性负担是指由于政府的发展战略选择使企业在不具有比较优势的市场上进行投资，致使企业缺乏自生能力而形成的负担；社会性负担是指国有企业由于雇用了过多的员工、承担了过多的社会福利等社会性职能而形成的负担。但这两种负担都会使企业在市场竞争中与那些没有这些负担的企业相比处于不利地位。政策性负担所带来的政策性亏损，政府必须承担责任，给予必要的保护和补贴，同时国有企业存在着激励不相容的情况，企业管理人员由于经营不善或者道德风险造成的负担，也有可能被作为政策性亏损的一部分由国家承担。因此，在政府无法分清楚这两种亏损，同时又必须要承担责任的情况下，只好对企业进行补贴，由此导致预算软约束的产生。但是由于政府会给予补贴，更加重了企业管理人员的道德风险问题，从而加重国有企业的代理问题，降低国有企业的运营效率。

## 二、政治目标

政治家也有其追求的个人目标，并尽可能多地获得政治支持（Shleifer

and Vishny，1994）。政治家为了获得政治支持，可能要求国有企业提供更多的工作岗位增加社会就业、制定比市场价格更高的工资水平，或者通过政府采购和承担政府项目等方式向其支持者提供好处。私有企业因为私有化使得政府对私有企业的干预成本高于国有企业，因此这些政治压力多集中于国有企业，造成国有企业相比私有企业效率较低，除了管理者的代理问题外，一个重要原因就是政府对国有企业施加的政治目标（Shleifer and Vishny，1994，1998）。

Shleifer and Vishny（1998）针对该观点举了一个例子。英国政府在第二次世界大战后投入大量资金用来支持国有煤矿的经营，因为煤矿工会有能力让在位的政府下台。此外，关于政府干预的无效率的实证研究也为该观点提供了更多的实证支持（Vining and Boardman，1992；Megginson and Netter，2001；Djankov and Murrell，2002；Chong and Lopez-De-Silanes，2002；Donahue，1989），这些研究从不同方面证明了国有企业的效率低下，但并没有对这一结果的原因进行更深层次的分析和证明。

Lin et al.（1998）对转型中的国家和地区的国有企业进行了研究，认为转型经济中的国有企业在诸如经济发展战略、社会就业、养老以及社会稳定等问题上承担了过多的政策性负担，包括经济上和社会上的负担。我国从计划经济向市场经济转型的过程中，政府的分权改革使地方政府拥有了更多的财政自由权和经济管理权，地区政府的一些政治目标，如就业、社会稳定等目标也被施加在了国有企业身上，这促使地方政府更有动机和能力为实现目标加强对其控制的国有企业的干预。

除了对政治影响企业的行为进行研究以外，不少学者也对相应的经济后果进行了检验（张新，2003；李增泉等，2005；夏立军和方轶强，2005；曾庆生和陈信元，2006）。较早的有 Shleifer and Vishny（1996）以俄罗斯公司为样本，通过问卷调查的方式发现企业私有化以后，公司的员工数量减少了，工作时间延长了，说明私有化后公司受到的政治干预减少了。Cheung et al.（2006）研究公司与股东之间的关联交易是否会对公司的中小股东利益进行掠夺，发现国有控股股东的掠夺性与国有股的比例显著正相关，且这种关系主要集中于地方国有企业中。这一研究为政府的"掠夺之手"提供了较为直接的实证支持。Fan et al.（2007）以我国1993年至2001年间IPO的公司为样本，研究国有企业部分民营化与公司绩效之间的关系，发现我国国有企业的部分民营化与企业绩效负相关，这主要是由于地方政府出于自身的政治目标对企业的经营活动进行干预造成的。

## 第三节　政治关联的研究现状

政治关联是各个国家都普遍存在的现象，不管是在什么类型的经济体内，政府都会在不同程度上对企业产生影响，也有企业为了寻求政治庇护主动与政府建立某种关联。政府和企业之间的联系在不同的国家有不同的表现形式，目前相关的研究很多，主要有以下几个方面。

### 一、政治关联原因研究

我国经历了30多年的改革开放，财政分权制度使地方政府成为相对独立的经济主体，尤其是1994年的分税制改革，直接扩大了地方政府对地方财政的支配权限以及地方经济的管理权限（Jin et al.，2005；王文剑等，2007），但是也相应地增加了地方政府的社会服务职能，如增加就业、维护社会稳定等，再加上我国地方官员的"晋升锦标制"模式，使得地方政府加重对所辖地区企业的干预，地方企业尤其是地方国有企业成为地方政府实现政治目标的主要主体（周业安，2000；周黎安，2007）。

## （一）公共治理的需要

谭劲松等（2009）将政府的经济目标、社会目标和政治目标统称为地方政府的公共治理目标，认为政府的职责是实现地方经济增长、社会稳定以及实现充分就业。政府干预企业的目的就是为了实现其经济目标，如提高 GDP 等相关经济指标。张曙光（2005）指出，地方政府和地方国有企业之间的关系并不是单向的，政府通过干预国有企业实现地方财政收入的提高，但与此同时，政府也会将主要的财政收入再投资于国有企业，通过国有企业进一步实现地方的收入和预算水平。

除了经济目标外，地方政府干预企业也为了实现其社会目标。社会目标主要包括充分就业、下岗职工妥善安置、社会稳定等，其中最主要的就是充分就业，这是社会稳定的基础。Lin et al.（1998）研究发现，国有企业承担了很多社会性负担，主要表现在雇用更多员工以及员工的退休金和福利津贴上。杨记军等（2010）研究发现，政府出于就业的考虑保留了对大规模企业的控制权以使其吸纳更多的就业。Fryman et al.（1998），Boycko et al.（1996），林毅夫、李志赟（2004），薛云奎、白云霞（2008）等多位学者都对这一内容进行了研究，指出政治压力导致企业雇用了更多的员工，而这对企业来说是冗余的。

政治目标是政府干预企业的第三个原因。周雪光（2005）指出，地方政府可能为了实现政府的政绩和建设一些公共设施工程项目给辖区内的企业施加压力，迫使企业为其政治目标出力。陆磊、李世宏（2004）也指出，国有银行承担了来自各个层次的政策性任务。此外，Lin et al.（1998）认为，国有企业的投资方向也是为了满足政府的战略导向。政府会出于战略的考量要求企业投资一些并不占优势的行业或市场（林毅夫等，2004）。杨记军等（2010）也发现，政府在转让国有股权的过程中，保留了那些对政府的政治目标有战略作用的企业同样是出于政治上的考虑。

### (二) 官员晋升的需要

由于政府是由官员构成的，而官员的利益与政府的利益并不完全一致，官员作为一个独立的个体，有其自身追求的利益目标。因此，政府行为除了为实现其经济目标、社会目标以及政治目标以外，还有可能是为了实现其官员的个人目标（谭劲松、郑国坚，2004）。谭劲松等（2009）指出，企业的控制权收益对政府官员来说是非常重要的一种资源和个人激励。拥有了企业的控制权，就拥有了利用企业为实现自身的利益而服务的权力，更有能力通过钱权交易等活动谋利（杨瑞龙，周业安，1997）。Shleifer and Vishny（1993）也认为，官员的权力寻租以及相关的政治交易行为是各个国家都难以避免的。关于政府官员与企业行为的研究已经得到了很多学者的关注，学者们在此领域进行了一系列的研究，主要包括政府官员的任期、政治晋升、个人特征等对企业的影响（周黎安，2004；张军、高远，2007；王贤斌、徐现祥，2008），研究结果均指出政府官员会出于自身的动机利用手中的权力来影响企业的各项决策，进而对企业和地区经济带来影响。

## 二、政治关联路径研究

根据学者们研究得出来的结论，政治制度成为影响企业发展和经济增长的重要因素，能够通过多种渠道对企业决策进行影响。

### （一）银行贷款

国家掌握着很多稀缺资源的配置，其中很重要的一项便是银行贷款。在转型经济体中，国家一般都会对金融进行管制，限制国有银行的贷款投放。Kornai et al.（2003）指出，社会主义国家中预算软约束效应存在的很重要的原因就是政府由于与公有制企业天然的"血缘关系"而表现出"父爱主义"倾向，使得公有制企业可以在出现困境的时候源源不断地向上级部门索取资源弥补亏空。这种现象非常普遍。Khwaja and Mian（2005）以 1996 年至 2002 年巴基斯坦的公司为样本发现，有政治关联的公司得到的银行信贷比非政治关联公司多 45%，且债务违约率超过 50%，并且这种现象与政治家的权力大小有关，权力越大，这一效应越强，但是如果企业所在选区的政治积极性不高，那么这种效应就会减弱。

Rajan andZingales（1998）认为，国家对信贷资本进行控制是非常重要的，这就使得政治关系可以发挥作用，政治家和银行之间存在政治关系时，银行会倾向于将资金发放给与政治家有关系的企业。如果该国家的资本流动相对封闭和独立，这种关系会更加明显。他们同时指出，如果放松资本控制的话，可能会导致过度贷款以及金融崩溃，就像 20 世纪 90 年代早期的一些亚洲国家一样。La Porta et al.（2002）以墨西哥为研究对象，发现与企业有良好关系的银行在 1995 年金融危机爆发之前有很多不良贷款，并加剧了金融危机爆发的程度。

此外，Faccio（2006）、Johnson and Mitton（2003）、Khwaja and Mian（2005）等均对政治关联与银行贷款的关系进行了研究，并指出具有政治关联的企业比非政治关联企业更容易通过关系获得银行贷款，且这种因为关系而贷出去的款项在银行贷款中占有一定比例。根据 La Porta et al.（2002）的研究，关系贷款占墨西哥全部商业贷款的 20%，不但如此，关系贷款还能获得更低的利率水平，虽然其违约风险很高。Chaney et al.（2007）也研究发现，银行很难将贷款发放给那些绩效较差且没有政治关联的企业，即使发放，也会收取较高的贷款利率，对政治关联企业则不这样。Claessens et al.（2007）进一步研究发现，企业能够获得的银行贷款与其政治捐献的程度正相关，因此，那些效率低下的企业，可以通过政治捐赠获得银行贷款，而效率高的企业却由于没有政治关联而失去这一资源，导致资源配置的不合理甚至无效率。他们研究发现,这种情况造成整个国家的 GDP 在两届政府选取期间至少损失 0.2%。可见,政治关联会扭曲信贷资源的配置,降低资金利用效率,不利于国家经济的增长。

改革开放以来,我国的经济体制已经从过去的计划经济逐渐在向市场经济转型,政府对企业的干预已经在很大程度上有所降低,政企分离也是现代企业制度改革的目标之一。但是,这并不代表我国政府对金融体系的管制已经放松,相反,政府仍然有能力将稀缺的银行信贷资源以指令性文件等方式分配给有政治关联的企业(Boyreau-Debray and Wei, 2005)。除此之外,Cull and Xu(2005),Fan et al.(2006)等均研究发现我国企业的政治关联可以为企业带来更优惠的银行贷款。Fan et al.(2006)更是以 23 例 1995—2005 年中国官员的贪污腐败案件为对象,研究与这些官员有关联的企业是否对其银行信贷有所影响,包括腐败行为败露之前和之后。研究发现,在腐败官员落马之前,和该官员有关联的企业有较高的银行借贷能力,特别是获得长期贷款的能力;但是官员被捕之后,不管是贷款能力还是贷款期限都显著降低。这一研究为政治关联与企业银行借贷之间的关系提供了又一支持。

政治关联也被认为是企业产权保护不足的替代机制,帮助企业获得银行贷款。在我国,对私有产权保护的相关法律法规还不够完善,虽然 2004 年新修订的《宪法》第一次以法律的高度规定了私有产权要进行保护,但由于我国的传统观念和意识,人们对私有产权重视还不够,再加上法律对私有产权的保护和执行力度在地区间存在差异(Cull and Xu, 2005),我国依然普遍存在私有企业和中小企业融资难的问题。在这种制度背景下,私营企业家要想获得融资,就必须要通过其他方法来弥补制度和法律上的缺陷,政治关联便成为其中一种方式。对于这一现象的研究较多,如 McMillan and Woodruff(2002)以及 Bai et al.(2006)就发现了这一问题,转型经济体中的私有企业由于得不到法律对私有产权的保护,只能寻求其他非正式的制度来弥补政治的缺陷。

产权保护和企业融资的相关研究也较多，如 Cull and Xu（2005），Johnson et al.（2002）以及 La Porta et al.（1998）。孙铮等（2005）用各地区的市场化程度反映该地区的产权保护和政府干预程度，发现市场化程度与公司长期贷款的比重负相关，即市场化程度越高的地区，企业的长期贷款越少，市场化程度低的地区却能获得更多的长期贷款。他们对这一现象进行了解释，认为是政治关联在市场化程度低的地区弥补了司法体系的不足，成为企业获得长期贷款的"隐性担保"。Bai et al.（2006）也对这一方面进行了研究，但他们是以民营企业的政治参与和慈善活动作为政治关联的替代变量，在控制了相关特征变量后，发现民营企业的政治参与和慈善活动与企业获得的银行贷款水平正相关；在产权保护不足的情况下，私有产权非常可能受到侵害。私有企业的风险越大，越难从银行获取贷款。

## （二）资本市场 IPO

企业获取资金的方式除了银行贷款以外，资本市场也是企业融资的一个重要渠道。我国的证券发行制度经历了多个阶段，1998 年之前实行"审批制"，经历了一个过渡期之后，2001 年开始实行"核准制"[①]。因此，资本市场同样是政府对企业进行干预的渠道之一。Leuz and Gee（2006）以印度尼西亚的公司为例，研究发现公司是否具有海外融资战略与企业的政治关联有关，具有政治关联的企业较少进行海外融资，间接说明了有政治关联的公司可以在本国国内较容易地融集到资金，而不需要依靠海外资本市场。Hung et al.（2008）以中国国有企业为样本研究了企业与海外融资

---

① 2000 年 3 月 17 日，《中国证券监督管理委员会股票发行核准程序》的实施标志着正式实施股票发行"核准制"。但该程序中还规定主要承销商在报送申请文件前，应该对发行人辅导一年，并出具承诺函。因此，中国证监会实际上是 2001 年才开始正式大批受理"核准制"的申请。

战略之间的关系：发现国有企业海外上市并不是出于自身的经济利益考虑，而是为了满足政府的政治目标，如：为了形成具有全球竞争力的产业，实现国家战略目标；或者出于国家政治目标展示中国的经济实力；或者是为了实现官员自身的政治目标。Bill et al.（2009）研究了企业政治关联对 IPO 的影响，发现两者之间有明显的关系：具有政治关联的企业，其 IPO 发行价格更高，发行费用更低。马连福、曹春方（2010）从地方政府干预和制度环境的视角对我国企业 IPO 募资资金变更进行了研究，并将募资变更分为补偿性变更和损失性变更。研究发现，在我国国有企业产权不完善的情况下，"党管干部""行政命令"等政治干预手段可能是公司治理的一个重要支撑。

### （三）政府补贴和税收优惠

我国的分权改革在加大地方政府的经济自主权和财政支配权的同时，也将政治目标层层分解加诸到各地方政府肩上，使得地方政府成为发展经济和稳定社会秩序的主要执行者（周业安等，2004），地方政府可以自由决定向企业提供财政补贴。Faccio et al.（2006）以跨国数据为样本，检验政治关联与企业获得的政府经济援助之间的关系，得出了两者之间的正相关关系，即政治关联公司更有可能得到来自国际货币基金组织等国际援助，虽然得到国际援助的公司其绩效不管是在救助当年还是在救助之后两年都比非政治关联企业的绩效差。这一结果为解释政治关联与银行贷款之间的关系提供了一个新的视角，即正是由于政治关联可以帮助企业获得政府补贴或经济援助，一定程度上降低了这些企业偿还银行贷款的风险和压力，由于意识到了这一点，银行才愿意贷款给政治关联的企业。在我国，余明桂等（2010）也根据我国的数据对政治关联和政府补贴的关系进行了检验，得出了同样的结果，即政治关联有助于帮助民营企业获得政府补贴，且制度环境越差的地区，这种效应越强。

政府也可以通过政府订单影响企业行为，Eitan et al.（2001）通过研究美国的政治选举事件，发现与共和党有政治关联的企业随着共和党的上台执政获得了更多的政府订单，相应地，伴随着民主党的下台，与其有政治关联的企业获得的政府订单减少。这一结论更是证明了政治关联在全球范围内的普遍性，不仅是转型经济体和经济不发达地区政治关联现象普遍存在，在经济发达、制度完善的美国，政治关联也同样发挥着影响。

此外，税收优惠也是政府影响企业的有效工具。我国企业所得税税率曾经达到33%，但同时也存在着各种类型的税收优惠政策，这些优惠政策的实施因公司的情况而各异，同时给予政府较大的执行空间，政府在决定企业的税收优惠时拥有较大弹性。吴文峰等（2009）以1999—2004年在沪深两市上市的民营企业为样本，研究政治关联与企业获得税收优惠之间的关系，发现政治关联确实可以降低企业的税收负担，并且这种关系随着公司所在省市的企业税外负担的增加而更加显著。国外的相关研究中，Ajay et al.（2006）以马来西亚的公司为样本，得出了同样的结论。

### （四）并购与多元化经营

国内学者对于政治干预与企业并购的相关研究相对较多，尤其是地方政府对并购活动的影响。李增泉等（2005）通过研究我国上市公司的收购和兼并事件，检验政府干预在其中发挥的作用究竟是扶持还是掏空。研究结果显示，政府的这两种作用同时存在于企业的收购和兼并行为中，但在不同的阶段发挥不同的作用。如果公司为了达到证监会的要求保留上市资格继续进行融资配股，就需要在短时期内提升公司绩效，此时政治干预会发挥"扶持之手"作用，公司通过企业并购迅速提升业绩；但是当公司不存在这个需求的时候，政治干预则转变为掏空效应，通过企业并购掏空公司资产。因此，不管是以支持还是掏空为目的，并购都是政府影响企业的有效手段之一。陈信元、黄俊（2007）认为，地方政府为了满足政治上的目标，如降低地方失业率、对地方企业进行扶持等，影响其控制的企业兼并和收购。潘红波等（2008）也认为，政治关联可以作为法律的替代机制对企业产权进行保护，避免地方政府为了实现自身的利益将政治目标施加到企业中去。方军雄（2008）研究了不同所有权性质与并购的关系，发现地方国有企业更容易进行本地并购，且以无关多元化并购为主，而中央企业则可以突破地方政府的限制进行跨区域并购。

此外，关于政治关联与企业多元化经营的研究，陈信元和黄俊（2007）研究发现，公司政治关联与经营多元化显著正相关，并且政府干预程度越高的地区，这种现象越明显，其原因主要是为了满足地方政府的政治目标。Lu（2011）也发现，政治关联会显著增加异地市场的拓展，且这种拓展需要相应级别甚至更高级别的政治关联，说明政府可以帮助企业打破产品市场上的区域壁垒和市场分割问题。

### （五）企业投资

企业的投资行为也很容易受到政府的影响，政府影响企业投资的方向和投资的效果，不管是为了满足政治目标还是社会目标。程仲鸣等（2008）以2002—2006年中国地方国有上市公司为样本，检验政府干预是否会导致企业出现过度投资或投资不足等影响投资效率的结果。研究结果显示，在地方国有上市公司中存在着因政府干预而导致的过度投资现象，且与投资不足微弱正相关，但政府干预对非地方政府控制的公司的投资影响不大。钟海燕等（2010）以2005—2008年我国国有上市公司为样本，检验政府干预和内部人控制问题对企业自由现金流过度投资的影响，从控股股东身份和金字塔层级两个角度考察政府行政干预的强弱。研究发现，受政府行政干预强的国有公司投资行为优于受内部人控制的公司，政治干预可以控制内部人的机会主义行为。

### （六）研发创新

企业的研发和创新方式受到企业多方面的影响，包括所处的外部环境，也包括企业的国有股权性质。徐二明、张晗（2008）以我国5个行业541家上市公司2000—2005年的数据为样本，研究企业的股权性质与企业内部创新之间的关系，发现国有股权主导的企业倾向于内部创新。他们认为由于存在"制度真空"以及市场不完善等因素，导致国家或政府倾向于将掌握的资源分配给国有股权集中的企业，使企业形成特有的竞争优势。张宝柱、黄辉（2009）基于我国上市公司的数据对转型经济体下政府行为与企业R&D之间的关系进行了实证检验，发现政府直接控股的上市公司R&D支出较低，且政府干预程度越高，两者之间的关系越显著。他们对产生这一结果的原因进行了解释，认为可能是由于政府的政策性目标与企业长期发展目标的偏离所导致的。

## 三、政治关联后果研究

以上政治关联的手段和方式不论是表现为支持还是掏空，都必然会通过企业行为，将其影响在公司绩效甚至社会福利上表现出来。

### （一）对企业经济绩效的影响

政治关联对企业的绩效会产生什么样的结果，目前存在着两种不同的看法。一种看法是认为政府对企业的绩效有正向的作用。Che and Qian（1998）分析了像乡镇企业这样属于政府所有的企业是如何在国家的经济转型过程中获得成功的。他们认为，这主要是和乡镇企业政府所有的性质有关。Fisman（2001）以印度尼西亚上市公司为研究对象，研究其公司业绩与政治关联之间的关系。他以建立的苏哈托依赖指数作为政治关联程度的代理变量，检验发现苏哈托依赖指数高的公司，其公司价值在苏哈托总统病重消息的影响下显著降低。类似的，Johnson and Mitton（2003）以马来西亚的公司为样本，发现在 1997—1998 年马来西亚的经济危机中，与首相马哈蒂尔（Mahathir Bin Mohamad）有关系的公司均在经济危机中受到了损失，根据计算得出这一损失为 9%。但是在政府对资本进行管制以后，这些与首相有关系的公司的价值反而上升了 32%，表明经济管制措施对有政治关联的企业产生了保护。Ferguson and Voth（2008）将研究视角转向德国，检验与纳粹政党的关联对企业的影响，检验结果显示，这些企业的股票回报率随着当政者掌握权力的增强而异常上升。

与此同时，与上述观点相反的观点也得到了很多学者的支持。如 Lin et al.（1998）通过研究指出，国有企业无效率的主要原因就是因为政府给国有企业施加了太多的政策性负担，而预算软约束现象又加剧了经理人的道德风险，若将道德风险产生的损失归为政策性负担，则两者之间形成恶性循环。陈信元、黄俊（2007）已经证明了政治干预会通过影响公司的多元化经营降低公司绩效。余明桂等（2010）则通过政府补贴行为，证明政治干预通过影响政府补贴进而降低公司绩效。类似的研究还有夏立军和方轶强（2005），他们按照终极控制人级别将上市公司细分为非政府控制以及县级、市级、省级、中央政府控制五种类型，检验终极控制人的政治级别是否会对公司价值产生影响。研究结果显示，在政府控制的企业类型中，级别较低的县级和市级政府控制类型的企业，其公司价值较低。Cheung et al.（2006）则主要关注于企业内部的关联交易行为。通过分析发现在国有企业中，国有股比例越高，关联交易之后的超额回报率越低，两者是负相关关系，并且相比与非国有股东的交易，公司与国有股东的交易带来的回报率更差。Faccio et al.（2006）则认为，政治关联不利于公司财务绩效的提高，即对公司产生不利的影响，即使由于政治关联得到了政府的资金帮助，也仍然挽救不了公司的绩效。同样的，Fan et al.（2007）

也得出了类似的结论。

也有学者同时支持以上两种观点,即认为政治关联对企业的影响既有正向的,也有负向的。例如,田利辉(2005)研究发现,国有股比例与企业绩效呈现出非线性关系,即公司绩效会随着国有股比例上升而呈下降趋势,但当国有股比例增加到一定程度,公司绩效开始上升。因此,国家的政治干预对企业来说同时存在支持与掏空两种效应。胡永平和张宗益(2009)研究发现,不同类型的政治关联与绩效之间的关系也会不同。他们通过检验国有电力上市公司的政治关联情况,发现董事长和总经理的政治关联表现出对公司绩效不同的结果,董事长的政治关联会提升公司绩效,但总经理则相反。李增泉等(2005)也研究证明,政治干预对企业既存在帮助企业渡过难关时的"帮助之手"效应,也存在对企业正常经营时利益的掏空效应。

### (二) 对社会福利的影响

政治关联对企业的影响究竟是正面还是负面还存在争议,但对于政治关联对整个社会福利的影响,大多数学者认为政治关联会导致政府资源配置的扭曲和无效率。Claessens et al. (2007)以巴西的政治关联企业为研究对象,发现政治关联不利于信贷资源的配置,降低信贷资金的投资效率,并通过计算得出了这一结果为巴西经济带来的成本至少占 GDP 的 0.2%。类似的,Khwaja and Mian(2009)计算出了巴基斯坦政府相应的行为为国家经济带来的负担大约占 GDP 的 0.3%—1.9%。Fan et al. (2008)也证明政治关联公司更容易受到腐败案件的影响,政府对这些公司的支持会进一步扭曲资源的配置。余明桂等(2010)以我国民营上市公司为样本,发现存在政治关联的民营企业能够获得更多的财政补贴,并且获得的补贴越多,其社会绩效越低,这表明地方政府基于政治联系的财政补贴支出会扭曲整个社会稀缺资源的有效配置,进而降低整个社会的福利水平。

## 第四节　政治与经济、企业的关系研究

20 世纪 30 年代末经济学家熊彼特（Joseph Alois Schumpeter）就意识到了政治因素对经济的影响。到了 20 世纪 70 年代，政治性经济周期理论得到经济学家们的重视，即政治因素引发周期性经济波动。政治与经济以及企业微观主体的关系研究引起关注。

### 一、国外关于政治与经济、企业关系的相关研究

#### （一）政治与经济的相关研究

熊彼特（Joseph Alois Schumpeter）在 1939 年就意识到政治因素，尤其政党选举，会对经济产生影响，引发经济的周期性波动。凯恩斯主义经济学认为，为了避免经济波动，应当使用财政政策和货币政策组合对经济进行大范围的干预，维持经济的稳定。但是最早论述政治性经济周期的是经济学家卡莱斯基（Kalecki），他于 1943 年通过一个模型证明，政治会影响经济政策和经济周期，一个党派政府很可能采用政治手段来有意制造经济衰退。随后阿克曼（Ackerman）在 1947 年指出政党的选举周期影响经济政策和经济周期。20 世纪 70 年代中期以来，政治性经济周期理论得到学者们的重视，经济学家诺德豪斯（William Nordhaus）最早提出政治性经济周期模型。该模型表明，政治家为了能够在下一届选举时出现一个经济繁荣时期以便能够继续当选，会在当选后采取衰退性经济政策。希布斯（Hibbs）1977 年考察了第二次世界大战之后发达资本主义国家的党派政

府，提出了自己的观点。他认为，政治性经济周期与党派之间的差异有关，党派代表不同的利益集团和社会阶层，使得他们追求的利益目标是不同的，不同的利益使得各个政党偏好不同的政策，具有不同的经济目标，因此经济周期反映了政党轮流执政的周期。20世纪80年代中期，随着理性预期学派的发展，涌现出大量关于政治性经济周期的研究，形成了新一代的理性政治经济模型，主要分为理性机会主义型和党派型政治性经济周期模型。其中，阿莱西纳（Alesina）将理性预期纳入党派政治性经济周期理论中，提出理性党派模型。他认为在多党制的政党体制中，由于政治家有不同的意识形态和自利目标，因而不会选择趋同的宏观经济政策，进而产生不同的经济目标。

但是，在以往的经济学文献中，政治往往只是作为影响经济波动的一种外生变量，甚至被认为其影响是微乎其微的。20世纪80年代，随着新制度经济学的发展，制度已经被认为是影响经济增长的重要的内生变量，而政治作为一种制度安排，也随之成为经济波动的一个重要的内生变量。新制度经济学较早注意到了国家在经济增长中的作用。North（1981）指出"国家的存在是经济增长的关键"，但同时他也指出"国家又是人为经济衰退的根源"，其认为制度尤其是政治制度对一个国家的经济增长具有重要作用。那么，政府和政党作为一枚硬币的两面，政党行为也应该是政治制度背景中影响经济增长的必不可少的一个方面。

此外，新经济增长理论已经把政治因素作为一种重要的变量内化到经济增长的模型中，认为政治对经济增长起关键性作用。Barro（1986）把政府支出加入建立的经济增长模型中，分析政府支出对经济增长的作用以及作用路径。他将政府的财政政策，如税率加入经济长期均衡增长模型中，认为政府支出所形成的公共资本和人力资本以及知识存量一样，对经济增长有显著的影响。Aschaner（1989）也指出，公共投资对私人资本回报率的提高有影响，刺激私人部门的投资，增加投资支出，因此，公共投资支出的增加会比同样规模的政府消费性支出对经济产出有更大的影响作用，并通过分析计算得出这种效应大概是 4—7 倍，即公共投资带动的产出增加的数量，是公共投资支出的 4—7 倍。西方经济学家已经普遍将政治因素纳入影响经济增长的重要内生变量中。

## （二）政治与企业的相关研究

国外关于政治和企业关系的研究较多集中在政党选举对公司行为的影响上。在政党选举与公司投资方面，Durnev（2010）、Liu（2010）、Yonce（2010）、Julio and Yook（2012）通过研究证明政治选举会显著影响公司投资。Yonce（2010）以 1964—2008 年美国公司为样本，实证检验这一期间美国总统选举活动对公司的影响，研究结果发现美国的企业投资支出在总统选举期间减少了大约 2%。Julio and Yook（2012）以 48 个国家的跨国数据为样本，研究这些普选制国家的公司在 1880—2005 年受到政治选举行为影响的效果。通过考察重要官员由于政治选举被更替导致的政治不确定性对企业的影响，研究者发现政治不确定性导致了经济政策的不确定性，并导致公司在选举年份里会显著减少投资，并且这一效应在同一国家范围内面临选举结果的不确定性时对资本支出下降的影响更加明显。

在政党选举与政府采购方面，Goldman et al.（2006）以美国标准普尔 500 指数样本股为研究对象，实证检验企业的政治关联和政府采购合同分配之间的关系。他们研究发现，美国在 1994 年总统选举和 2000 年总统选举后，与在竞选中获胜的政党有政治关联的企业，获得的政府采购合同金额显著提高，而与在竞选中失败的政党有政治关联的企业，其政府采购合同金额则显著下降，说明政党选举活动影响了政府资源的配置。Boubakri et al.（2008）研究发现，企业获得的政府订单数量与是否有政府官员的参与有关，如果政府官员参与其中，获得订单和政府优惠会更加容易。作为回报，企业也会帮助政治家在竞选中获得胜利。Cohen et al.（2011）也通过研究表明，在美国参议院变更的时期，当某个州有当选的国会议员时，当地政府的支出会增加，进而导致私有企业投资支出减少。

在政党选举与企业承担政治目标方面，Bertrand et al. (2006) 以法国的政治竞选为背景，研究企业的政治关联与冗余雇员之间的关系。他们以企业 CEO 的政治关系来衡量企业的政治关联，发现政治关联企业会提前采取措施支持政治家的选举，这一支持行为往往从选举的前一年就已经开始，关联企业通过为公众提供更多的工作岗位、努力提升企业的经营绩效等方式进行支持。同时还发现政治家的党内职位越高，越容易得到这些政治关联企业的帮助。但是，关于政治家在选举中获得胜利以后是否会给支持他们的政治关联企业更多的补贴作为回报，还没有得到明显的证据。此外，由于政治关联企业比非政治关联企业雇用了更多的员工，也使得其公司利润低于非政治关联企业。政治关联企业与政治家之间有着密切的关系，会更容易受到政治家施加的政治压力进而雇用更多的员工。

此外，在普选制国家，政治家也往往会利用银行贷款使企业为其竞选提供帮助，国有银行在政治选举的年份里贷款额度明显增加（Dinc，2005；Micco et al., 2007）。Sapienza（2004）以意大利的企业为样本研究国有银行的贷款行为，发现国有银行可能承担了国家的战略实施等任务，比如向经济发展水平不高的地区提供贷款。国有银行的贷款行为还与政党的影响力有关，影响力越大，国有银行为企业提供的贷款利率就越低，说明有政治关联的企业可以从银行贷款中获得收益。Cole（2009）以印度的公司为研究对象也得出了类似的结论。此外，政治选举因素也会影响银行贷款的配置，如选举的竞争压力的大小（Imai，2009；Carvalho，2010）、与选区距离的远近（Cole，2009）、选区的参与度大小（Khwaja and Mian，2005）等。

也有较多的学者对政党选举与公司绩效的关系方面做了研究。Goldman et al. (2006) 就发现在美国当具有政治背景的人被提名为董事会成员时，会导致公司的股票出现超常的收益，并且会随着政党政治权力的上升而上升。Jayach and Ran（2006）以 2001 年参议院 Jeffords 个人退出共和党的这一事件为研究对象，研究这一事件对相关企业造成的影响。由于 Jeffords 退出共和党意味着政治权力从共和党转向了民主党，因此研究发现，在前一个竞选周期内给共和党提供政治捐赠的企业股票市值下降了 0.8%，而给民主党提供政治捐赠的企业市值则上升了 0.4%。类似的，Knight（2007）以 2000 年美国总统大选布什获得胜利事件为研究对象，发现支持布什的 41 家公司的股票收益上升了 3%，而支持落败方戈尔的 29 家公司的股票收益下降了 6%。如果使用周收益来计算的话，两者的差异更高达16%。Claessens et al.（2008）用事件研究法研究了巴西政治选举行为对企业的影响，通过实证检验，发现政治捐献越多的企业，其股票回报率在竞选结果公布前后增加得越多，尤其是当支持的候选人在竞选中获胜后，企业的股票回报率增加得更多。Ferguson and Voth（2008）以 115 家与纳粹党有关联的企业为研究对象，发现这些企业的股票收益在纳粹党执政以后比非关联企业高出 5%—8%，并且认为这并不是由于商业环境的改善带来的，而是因为与企业有关联的纳粹政党权力的扩大。Cooper et al.（2010）以 1979—2004 年美国 1 930 家公司的 80 000 次政治捐款为研究对象，发现捐款公司股票未来的收益与受其捐助的候选人数量显著正相关。Niessen and Ruenzi（2010）同样以德国公司为样本，研究德国企业的党派政治关联与企业绩效之间的关系。研究表明，相比较左翼党派和绿党党派，企业更愿意聘请保守党派和自由党派的成员为企业高管，并且发现无论是用基于市场的绩效衡量还是基于会计的绩效衡量，与执政党有政治关联的企业的绩效显著高于没有政治关联的企业的绩效。

## 二、国内关于政治与经济关系的相关研究

国内关于政治因素对于经济影响的研究主要集中于政府周期性换届和

官员变更的情况，而不同任期的政府和官员也有不同的经济增长目标，会采用不同的宏观经济调控手段，因而同样会对经济波动产生影响。Tao（2004）通过研究中国的经济周期发现，中国的经济周期表现为明显的政治经济周期，自从1987年以来，每次党代会召开期间，银行信贷都会明显放松，固定资产投资增长率显著提高，说明政治周期显著影响经济周期。徐清海、李兰芝（2006）通过分析1989—2004年近三届政府任期内的相关经济指标发现，在政府换届选举年份，同期经济周期的主要经济指标都处于经济波动的波峰状态，与政府换届时间高度吻合，说明了中国经济的政治周期。刘瑞明、白永秀（2007）也通过实证检验证明我国的经济增长受全国党代会和政府换届的周期性影响。除此之外，张军（2007）对党和国家在经济增长中发挥的作用问题进行了一系列的研究，认为"中国的政党和政府是改革与经济增长的推动者"；"要解释改革后中国经济增长的成功模式，不研究中国的政治治理模式、行政执行力、对外部环境不断适应的能力、官员激励模式和竞争促进的微观机制之间的关系，是根本做不到的"。[①] 胡鞍钢[②]、张树华[③]也认同这种观点。马丽、马国钧（2011）讨论了党和中国经济增长的关系，认为党在我国的经济发展中发挥了巨大的作用，这种作用的一个突出表现，是通过融入经济体的治理结构和治理过程，制定科学的路线方针政策，有效地促进国家经济体制的转轨和经济增长方式的转变。营造和维护良好的市场经济秩序，在规范产权的基础上科学、有效配置资源，从而推动经济的长期快速增长。作者指出党的核心领导作用，是我国经济增长的重要内生变量，也是中国经验或中国模式成功的真实奥秘所在。

---

① 张军. 政府转型、政治治理与经济增长：中国的经验 [N]. 社会学视野网，2007 - 09 - 05.
② 胡鞍钢. 中国的制度优势何在. 人民论坛，2011（21）：23~24.
③ 张树华. 中国道路的政治优势与思想价值. 红旗文稿，2011（1）：4~9.

## 三、政治治理与公司治理的相关研究

我国学者对公司治理结构的研究以及公司治理实践起步于20世纪90年代初。张维迎（1994）和吴敬琏（1994）等首先提出要将公司治理理论吸收和借鉴到国有企业改革过程中去。随后，学者们展开了一系列关于公司治理相关方面的讨论，如公司治理的内涵（林毅夫，1997）、有效的制度安排（林毅夫，1997）、委托代理问题研究（张维迎，1995）、产权的讨论（张维迎，1999；2000）和治理模式的比较（李维安，2001）等。林毅夫等（1997）对信息与企业治理结构之间的关系进行了分析，认为由于信息不对称，委托人必须掌握充分的企业信息才能对经理人进行有效的约束，并指出公司治理根本的问题在于市场体系的完善，建立有效的外部市场治理环境是关键。张维迎（1995）认为，公司治理结构最重要的问题是解决委托代理问题，委托人应该建立一套最适当的激励机制以诱使代理人以委托人的利益最大化为目标行动，并提出建议，让国家成为企业的债权人。何玉长（1997）探讨了公司内部的治理结构，对"三会四权"的关系，即股东大会、董事会、监事会、经理层以及出资者所有权、法人财产权、法人财产代理权、所有者监督权进行了探讨。[1] 杨瑞龙（1998）支持利益相关者理论，认为国有企业的公司治理结构应该体现利益相关者的利益，即"利益相关者合作逻辑"，政府应当创新国有企业治理结构。[2] 卢昌崇（1994）指出"新三会"与"老三会"之间的关系如何处理，是摆在国有企业中的一个关键难题，尤其是在建立现代法人治理机构的国有企业中，党委会应该在公司治理结构中处于什么位置。

---

[1] 何玉长．国有公司产权结构与治理结构．上海：上海财经大学出版社，1997．
[2] 杨瑞龙．面对制度之规．北京：中国发展出版社，1998．

当下直接以国有企业的政治治理与公司治理相结合问题作为研究内容的文献还比较少见，也有很多文献虽然不是主要研究两者之间的关系，但也有所涉及。刘振华（1997）对影响国有企业党建的因素进行了探讨。韩旭（1999）认为党组织在企业中发挥了政治优势作用，并有助于企业建立现代企业制度，引导企业步入良性发展轨道。吴敬琏（1999）专门讨论了现代企业中党组织的工作方式，界定了党组织在现代企业制度中的地位与作用，即党组织应在企业中发挥监督保障作用。① 李清均（2004）提出如何同时坚持"党管干部"原则和法人治理结构是改制后的国有企业党组织发挥政治核心作用的新课题。② 朱平（2003）也对国资委要求推进国有企业党的建设问题进行了论述，认为应该通过探索国有企业党的建设的新方法提升党的创造力。③

以上研究表明，我国学者已经充分意识到，如何处理好企业政治治理与现代公司治理制度之间的关系是我们面临的一个重要的现实问题并亟待解决，它直接关系到我国国有企业改革的成败和现代企业制度的建立和完善。但是根据目前的研究现状，我国对企业政治治理与公司治理之间的关系的研究较多还停留在理论分析和制度探讨上。卫武等（2003）从政治资源角度提出企业采取何种政治行为策略，取决于其拥有的政治资源基础，其中就包括企业党建、政府关联人员等组织资源。他通过对我国76家企业网站上与政府有关的新闻报道进行分析，发现我国企业经营活动中普遍采取党建策略等七种政治策略，并通过这些政治策略获得政府资源、政治竞争能力与优势、市场绩效和财务绩效四种政治绩效，证明企业政治资源会

---

① 吴敬琏．改进党组织在企业中的工作方式——《国有企业改革与发展》课题报告之五．工厂管理，1999（7）：13~14．

② 李清均．关于存续企业改革的思考．黑龙江省社会主义学院学报，2004（1）：23~25．

③ 朱平．论党的主张与国家意志的统一．江西社会科学，2003（7）：132~133．

影响企业选用的政治策略,而政治策略又会影响企业的政治绩效。蒋铁柱、沈桂龙(2006)以及蒋铁柱(2007)通过运用政治学和经济学理论,讨论了企业党建和公司治理制度在企业中的并存与发展问题,认为两者和谐发展是必要且可行的,关键是党政领导要树立新的观念,建立服务型政党。

相比较对这一研究领域的理论分析和制度探讨,直接对两者进行实证分析的研究虽然较少,但目前已有学者陆续关注到这一领域并发表了一些研究成果,如 Chang 和 Wong(2004)、Li et al.(2008)、马连福等(2012;2013)、雷海民等(2012)、陈仕华等(2014),但仍处于"萌芽"期。Chang 和 Wong(2004)通过问卷调查的方式,研究了国有企业基层党委会对公司决策制定和绩效的影响。Li et al.(2008)以中国的私有企业为样本,以党员身份作为企业家政治关联的代理变量,检验其对公司业绩的影响。研究发现党员身份是私营企业家获取政治关联的有效方式,尤其是在转型经济体中,私营企业家的党员身份有助于其从银行或其他国家机构获得贷款、在司法体系中有更大的自信,并对企业绩效产生影响。雷海民等(2012)基于嵌入政治行为的公司治理和非参数方法,研究设立党组织的中国政治资源企业公司政治治理对企业运营效率的影响,但仅从董事长、总经理和党委书记的职位兼任角度进行了探讨。陈仕华、卢昌崇(2014)对国有企业党组织的治理参与对国有企业出售国有资产或股权行为进行了研究,发现当国有企业党组织参与公司治理时,国企在出售国有资产或股权时索要的并购溢价水平较高,一定程度上抑制了并购中的"国有资产流失";此外,陈仕华等(2014)还进一步对国有企业党组织中发挥监督作用的纪委组织参与治理的情况进行了分析和检验。

## 第五节　文献评析

通过对文献的梳理，本书发现现有的关于政治治理对企业影响的研究，更多的是将其作为政治关联的一部分进行研究，并未有所区分，尤其是在我国，相关的研究更加少见。但与此同时，随着政治关联相关研究的不断深入，新的视角和观点也在不断被引入。从国内外已有的研究来看，鲜有文献单独关注企业内部政治治理对企业的作用，尤其是在我国特殊的政治制度下，企业内部的政治治理对企业的影响，还有待于进一步深入开展研究。

1. 从现有研究的情况来看，政治关联的相关研究向更细化的方向发展

目前，学者们对政治关联的研究已经比较全面，概括来说，包括政治关联对公司绩效的影响（徐晓东、陈小悦，2003；夏立军、方轶强，2005），对企业微观行为，如贷款融资（Fan et al., 2007；余明桂、潘红波，2008；Li et al., 2008）、公司多元化（陈信元、黄俊，2007）、并购（潘红波等，2008）、过度投资（杜兴强等，2011）以及 IPO 募资变更（马连福、曹春方，2011）等的影响，但研究主体多为政府部门，即由于政府掌管着土地、贷款、税收优惠等稀缺资源，可以通过对资源进行配置影响企业行为。目前已有学者将研究深入到构成政府部门的微观个体，即政府官员，认为政府行为其实是官员行为的体现，进而研究政府官员特征，如更替、任期、政治晋升等对当地经济增长以及企业的影响。研究发现官员更替不仅会影响宏观的经济增长（Jones and Olken, 2005），还会影响微观的企业投资行为（Durnev, 2011；Julio and Yook, 2012）。对我国的研究也证实了省级官员的交流、更替等会影响地区的宏观经济增长（Li and Zhou，2005；张军、高远，2007；徐现祥等，2007；王贤斌等，2009）和地区的固定资产投资水平（王贤斌等，2010）。

此外，关于政治不稳定性的研究也在引起学者们的关注。首先，国家层面的社会动荡以及暴力事件带来的政治不稳定性。Alesina and Perotti（1996）研究发现，暴力事件和政治动荡等带来的政治不稳定性显著降低了国家的投资比率；Pindyck and Solimano（1993）、Mauro（1995）发现，腐败和政治不稳定性会降低公司投资。其次，官员的晋升、更替等行为也会带来政治不稳定（Alesina and Perotti，1996）。现有文献主要是从政治选举引发的政府官员更替或者领导人变更所导致的政治不稳定性视角检验政府官员对企业行为的影响（Jones and Olken，2005；Yonce，2010；Cohen et al.，2011；Julio and Yook，2012）。Jones and Olken（2005）以领导人自然或者意外死亡为切入点，考察了1945—2000年130个国家和地区的官员变更的影响，研究结果证明官员更替确实会影响经济体内的经济政策和经济增长，并且当经济体内缺乏权力约束时影响更大。具体到中国，Tao（2003），徐清海、李兰芝（2006），刘瑞明、白永秀（2007）指出经济增长受全国党代会和政府换届周期性影响；曹春方（2013）从事实政治权力转移的视角检验了省委书记的更替对企业投资支出的影响；徐业坤等（2013）从市委书记的角度进一步验证了政治影响企业投资的政治不稳定性逻辑。

2. 从现有研究的总体来看，缺乏对政治关联明确的定义及度量，以及对相关理论的整合研究应用

根据现有的研究，可以将政治关联进行分类。一类是按照企业性质进行分类，可以分为天然的政治关联和非天然的政治关联，这主要是指国有企业和非国有企业。国有企业其产权归国家所有，政府是国有企业最大的股东，因此，从企业成立开始，就与政府之间形成了天然的"血缘关系"，政府对国有企业也表现出"父爱主义"倾向，只要企业的产权性质不发生变化，这种天然的政治关联就会一直存在，是企业无法改变的现实。而非

国有企业其产权不归国家和政府，因此就没有这种关系。另一种分类是按照企业内的高管人员的政治背景进行分类，看其是否曾经在政府部门任职，或者是否曾经或现在是各级人大代表或政协委员。这种类型的政治关联一般存在于私营企业，私营企业家通过主动邀请或者参与政治活动来获得政治关联，但新《公务员法》出台后，这种建立政治关联的方式已不再适用。

具有第一类政治关联的主要为国有企业，国有企业与政府之间的关系密不可分，在获得政府支持的同时，也避免不了成为政府实现政治目标的干预对象；第二类政治关联的企业多为民营企业，企业家主动和政府以及政府官员建立联系，向政府寻租，从而可能会损害社会福利。因此，不同的产权性质有不同类型的政治关联，且关联程度有很大区别，对企业的影响也会有很大不同，如何准确地定义以及度量政治关联，并将不同产权性质的政治关联理论整合应用，值得深入研究。

3. 从现有研究的逻辑框架来看，缺乏对于企业内部政治治理的关注

目前关于政治制度对经济、企业的影响研究，较少独立地以企业内部的政治治理为研究对象，更多的是研究政治整体对经济和企业的影响，这可能是与国家的政治制度有关。国外大多是普选制国家，在新的一轮政治选举之后，新的执政党会重新组建政府或内阁，因此，国外研究政党选举过程带来的政治不稳定性对经济、企业的影响的研究较多。而在我国，目前对于企业内部政治治理与企业的研究，更多的还是停留在对党组织参与公司治理以及在现代企业制度中作用发挥的理论探讨与实践分析，对其作用的具体路径和效果还未进行充分的研究和检验，对公司政治治理缺乏论证。研究嵌入企业内部的党组织参与下的公司治理，可以进一步丰富企业政治联系理论和公司治理理论。目前对企业内部政治治理与公司治理问题仍然缺乏实证检验，该问题的检验可以为当前我国国有企业党建与企业治理协同机制的建立，以及对当前国有企业党建的问题，提供有效的方法以及有力的实证研究证据。

# 第三章
# 我国国有企业政治治理的制度背景

本章首先简要回顾了我国国有企业政治治理的历史沿革，总结政治治理主要内容和方式，并对目前我国国有企业政治治理的现状和存在的问题进行了分析。

## 第一节　我国企业政治治理的发展历程

企业是经济工作的最基层单位，在对企业的领导体制上，中共中央1954年曾在全国国营企业中实行生产、行政管理的厂长负责制，即"一长制"。1955年，党内对"一长制"产生了争论，否定"一长制"的观点认为厂长负责制会削弱党的领导，企业党委应该是企业的领导核心，企业的一切工作都应该由党委实行统一领导和集体领导，企业生产和行政上的所有重要问题都应该由党委讨论决定。1956年，中共中央正式决定否决"一长制"，取而代之的是"党委领导下的厂长负责制"。由此，党直接领导所有经济工作重大事项的领导体制，从中央一直贯彻到企业基层，形成了一个以党为核心的、高度集中的、完整而庞大的经济工作体系。

在计划经济时期，以计划手段来配置资源，配置效率太低，且以非经济手段来管理经济，企业和劳动者的积极性难以发挥，整个国民经济活力不足。党政不分，各级党组织内部设置了工业交通部、财政贸易部、农村工作部等领导经济工作的部门，直接管理经济，造成职能错位，机构重叠，管理效率低下；政企不分，政府的综合经济管理部门直接进行投资等方面的微观经济决策，政府的行业管理部门，既是政府管理各行业的职能部门，又是直接领导若干企业的生产经营的管理单位，"既是运动员，又是裁判员"；领导经济工作的体制上条块分割，割裂了横向经济联系，导致各地方、各部门在经济上自成体系，重复投资，重复建设；分配制度上的平均主义、"大锅饭"，经济发展的动力不足，技术进步缓慢。

这一时期党领导经济体制的变动，始终是在计划经济体制的框架内，沿着"放权——收权——再放权——再收权"的循环路线进行，一直未能跳出这样一种循环的怪圈，其综合性的后果是整个经济体系效益低下。20世纪70年代后期，我国的国民经济已经到了崩溃的边缘，这种体制已经难以为继。

## 一、起步阶段（1978—1984年）

1978年党的第十一届三中全会至1984年党的第十二届三中全会，为党领导经济体制改革的起步阶段。1978年第十一届三中全会为中国的经济管理体制改革吹响了号角，也指明了党领导经济工作体制改革的方向。1980年3月，中共中央政治局举行扩大会议，讨论通过邓小平同志关于《党和国家领导制度的改革》的重要讲话。邓小平同志指出："从党和国家的领导制度、干部制度方面来说，主要的弊端就是官僚主义现象，权力过分集中的现象，家长制现象，干部领导职务终身制现象和形形色色的特权现象。""权力过分集中的现象，就是在加强党的一元化领导的口号下，不适当地、不加分析地把一切权力集中于党委，党委的权力又往往集中于几个书记，特别是集中于第一书记，什么事都要第一书记挂帅、拍板。党的一元化领导，往往因此变成了个人领导。""现在应该明确提出继续肃清思想政治方面的封建主义残余影响的任务，并在制度上做一系列切实的改革，否则国家和人民还要遭受损失。"邓小平同志提出了六项改革党和国家领导制度的措施，其中就包括"有准备、有步骤地改变党委领导下的厂长（经理）负责制，逐步实行工厂管理委员会、公司董事会、经济联合体的联合委员会领导下的厂长（经理）负责制"。

1980年2月，国务院发布《关于实行"划分收支、分级包干"财政管理体制的暂行规定》，提出按照经济管理体制中规定的隶属关系，明确划分中央与地方的财政收支范围，实行分级包干的财政管理体制。这一规定不仅涉及财政收支结构、财权划分和财力分配的改革调整，还涉及基建、物资、企业、事业等管理体制的调整与改革,是国家财政经济管理体制的重大改革。

1983年,在试点的基础上,国家对国有企业进行了利改税的改革,主要的变化是把之前国有企业上缴国家的利润改为按55%的税率缴纳所得税,税后利润的一部分按国家核定的水平留给企业,另一部分则以调节税或者固定比例、递增包干、定额包干等形式上缴给国家财政。对盈利的小型国有企业,按八级超额累进税率缴纳所得税,税后利润一般留给企业;对于微利企业或亏损企业则实行盈亏包干。随后1984年又进行了第二步利改税。利改税是对"企业吃国家的大锅饭"体制的改革,有利于促进国有企业逐渐走上自主经营、自负盈亏的道路,有助于稳定和规范国家与企业之间的分配关系。

## 二、确立阶段(1984—1992年)

从1984年党的第十二届三中全会至1992年党的十四大,为党领导经济工作体制改革的第二个阶段。1984年10月,中共第十二届三中全会召开,一致通过了《中共中央关于经济体制改革的决定》。该决定规定了改革的方向、性质、任务和各项基本方针政策,成为指导我国经济体制改革的纲领性文件。该决定中明确指出:"按照政企职责分开、简政放权的原则进行改革,是搞活企业和整个国民经济的迫切需要";"是社会主义上层建筑的一次深刻改造"。但同时也强调"加强党的领导,保证改革的顺利进行"。

1986年2月,中共中央、国务院做出关于坚决制止党政机关和党政干部经商办企业的10项决定。坚决制止党政机关和党政干部经商开办企业,是党领导经济工作体制的一个基本原则。同年10月,中共中央、国务院发布《全民所有制工业企业厂长工作条例》《中国共产党全民所有制工业企业基层组织工作条例》和《全民所有制工业企业职工代表大会条例》，规定全民所有制工业企业实行厂长负责制，厂长为企业的法定代表人，代表法人行使职权。厂长可以依据条例规定的职权，对企业的生产经营全面领导和负责。

厂长负责制的转变，是企业领导体制的重大改革。全民所有制工业企业的厂长（经理）是一厂之长，是企业的法定代表人，在法律上负相关的责任，是企业的中心。1988年3月，全国人民代表大会七届一次会议通过的《中华人民共和国全民所有制工业企业法》，同样规定了厂长是企业的法定代表人，用法律的形式明确了厂长负责制。由厂长负责制替代过去的党委领导下的厂长负责制，是党领导经济工作体制的一个重要的改革，是在企业这一经济工作的最基础的层次上，党领导经济工作的体制所发生的最重大的变革。由此确立了厂长在企业经营管理中的核心地位，同时也是企业内部领导体制的根本性的变革。

1986年12月，国务院发布的《关于深化企业改革增强企业活力的若干规定》中提出："根据所有权与经营权分离的原则，给经营者充分的经营自主权，是深化企业改革、增强企业活力的重要内容。全民所有制小型企业可积极试行租赁、承包经营。全民所有制大中型企业要实行多种形式的经营责任制，各地可以选择少数有条件的全民所有制大中型企业进行股份制试点。"租赁制、承包制、股份制由此在企业改革中兴起。

1987年10月，党的第十三次全国代表大会指出，社会主义有计划的商品经济，应该是计划与市场相结合的经济体制和运行机制。我国实行的有计划的商品经济，在宏观上由国家调节市场，市场引导企业。党领导经济工作的体制，将经济体制和政治体制相结合。政治体制的改革，将在经济体制改革与政治体制改革的结合与配套中，有力地推进党领导经济工作体制的改革。

随着经济体制改革进程的推进，经济基础与上层建筑的矛盾也逐渐显现出来。根据党的十三大提出的政治体制改革的要求，1988年3月，第七届全国人民代表大会第一次会议审议并批准了国务院机构改革方案，主要在于减少政府机构直接干预企业经营活动的权力，增强宏观调控职能，改变机构设置不合理以及行政效率低下的状况。

1992年1月，邓小平同志先后视察武昌、深圳、珠海、上海等地，并发表重要讲话。此次讲话最重要的意义是，为市场经济体制的改革目标和方向扫清了思想上与认识上的障碍。1992年的党的十四大确立了社会主义市场经济体制的目标，标志着党领导经济工作体制的改革出现明显的阶段性变化，该年也被称为"转折年"。此次大会报告明确提出：中国经济体制改革的目标是要建立社会主义市场经济体制。社会主义市场经济体制就是要使市场在社会主义国家的宏观调控下对资源配置起到基础性作用，使经济活动遵循价值规律的要求，适应供求关系的变化，并将我国经济体制改革的目标清晰地确定为"社会主义市场经济体制"。这是我国经济体制改革进程中的关键性突破，这一目标的明确，指明了党领导经济工作体制的改革方向。

## 三、社会主义市场经济体制阶段（1993—2001年）

1993年11月，党的第十四届三中全会通过了《中共中央关于建立社会主义市场经济体制若干问题的决定》，指出："对国有资产实行国家统一所有、政府分级监管、企业自主经营的体制"，"按照政府的社会经济管理职能和国有资产所有者职能分开的原则，积极探索国有资产管理和经营的合理形式和途径"。该决定中还提出两权分离原则，即"出资者所有权与企业法人财产权分离"的原则，将建立现代企业制度作为国企改革的方向，要求建立适应市场经济体制要求的"产权明晰，责权明确，政企分开，管理科学"的现代企业制度。从这一阶段开始，"三级体制"的国有资产经营管理体制开始确立,并在法律上明确了公司的法律地位,但是,党委会对国有企业经营管理的重大事项仍然拥有参与决策的权力。

1995年9月,党的十四届五中全会提出"把专业经营管理部门逐步改组为不具有政府职能的经济实体,或改为国家授权经营国有资产的单位和自律性行业管理组织"。其中,会上提出的《中共中央关于制定国民经济和社会发展"九五"计划和2010年远景目标的建议》中指出"搞好配套改革,重点是建立权责明确的国有资产管理、监督和营运体系",明确地提出了政企分离。

1997年中央下发《中共中央关于进一步加强和改进国有企业党的建设工作的通知》,企业领导班子建设问题成为企业党建关注的重点,并为社会的下岗职工提供再就业机会。与此同时,国有企业中党组织的隶属关系问题一直没有得到明确的规定,例如当企业发生资产重组,党组织隶属关系应如何安排。在这次通知中,将这一问题进行了重新规范。

1997年之后,思考并研究企业党组织如何在现代企业制度下发挥政治核心作用成为这一阶段的重点。1999年9月,党的十五届四中全会决定中强调:"国有独资和国有控股公司的党委负责人可以通过法定程序进入董事会、监事会,董事会和监事会都要有职工代表参加","坚持党的领导,发挥国有企业党组织的政治核心作用,是一个重大原则,任何时候都不能动摇。"

2000年10月,中国共产党第十五届中央委员会第五次全体会议上《关于制定国民经济和社会发展第十个五年计划的建议》提出:"国有企业改革是经济体制改革的中心环节,国有大中型企业要进一步深化改革,建立产权清晰、权责明确、政企分开、管理科学的现代企业制度,健全企业法人治理结构,成为市场竞争的主体。积极探索国有资产管理的有效方式,建立规范的监督机制。鼓励国有大中型企业通过规范上市、中外合资和相互参股等方式,实行股份制。进一步放开搞活国有企业。"

## 四、深入探讨适合我国国有企业公司治理结构的阶段（2001—2012年）

"交叉任职"这一设想最初是胡锦涛同志1993年9月在国有企业党建座谈会上提出的，并在2000年1月中组部印发的《关于印发曾庆红同志在全国组织部长会议讲话的通知》中，第一次明确提出"双向进入、交叉任职"①。2002年党的十六大之后，国有企业公司治理成为党和政府关注的热点，并将其视为国有企业改革的关键环节，认识到完善国有企业公司治理的重要性。在这一阶段，国务院国有资产监督管理委员会还对各国公司治理结构进行了深入的研究与探讨，讨论较多的是如何从法律上完善公司治理结构。

2002年11月，党的十六大对党章进行了修订，修订后的党章第23条明确规定："国有企业和集体企业中党的基层组织，发挥政治核心作用，围绕企业生产经营开展工作。保证监督党和国家的方针、政策在本企业的贯彻执行；支持股东会、董事会、监事会和经理（厂长）依法行使职权；全心全意依靠职工群众，支持职工代表大会开展工作；参与企业重大问题的决策；加强党组织的自身建设，领导思想政治工作、精神文明建设和工会、共青团等群众组织。"新党章中对党组织的政治核心作用进行了总结，解释了其内涵，也确保了其在企业中的地位，为其发挥作用和优势奠定了基础。由此将党的各种优势全面融入企业中。

---

① "双向进入"是指，一方面充分利用国有资产控股的优势，使符合条件的企业党委会成员通过法定的程序进入企业董事会、经理层和监事会；另一方面，使符合条件的董事会、经理层和监事会成员，按照党章及有关规定进入党委会。所谓"交叉任职"，即由一人同时担任企业党委书记和董事长，或党员董事长担任党委副书记，党委书记担任副董事长（中共上海市委组织部，1999）。

2004年3月，第十届全国人民代表大会第二次会议对我国的《宪法》进行了修订。新《宪法》将中国共产党所取得的历史成绩和现实地位写进了《宪法》序言，并在《宪法》中明确了中国共产党的领导核心地位，充分地肯定了党在国家政治生活中的重要地位。同年10月，中共中央办公厅下发了《中央组织部、国务院国资委党委关于加强和改进中央企业党建工作的意见》，该意见对中央企业党委会的职责进行了概括，明确指出中央企业党委会对股东会、董事会层面决策的问题。

2005年10月27日，第十届全国人民代表大会常务委员会第十八次会议对《公司法》进行了修订，修订后的《公司法》在明确党组织在公司中的合法地位的同时还对此进行了强化。我国原《公司法》第17条规定："公司中中国共产党基层组织的活动，依照中国共产党章程办理。"而修订后的《公司法》第19条规定："在公司中，根据中国共产党章程的规定，设立中国共产党的组织，开展党的活动。公司应当为党组织的活动提供必要条件。"

2007年10月，中国共产党第十七次全国人民代表大会再次对党章进行了修订，新党章在总纲第1条就指出："中国共产党是中国工人阶级的先锋队，同时是中国人民和中华民族的先锋队，是中国特色社会主义事业的领导核心，代表中国最广大人民的根本利益。"同时第32条还规定："国有企业和集体企业中党的基层组织，发挥政治核心作用，围绕企业生产经营开展工作；保证监督党和国家的方针、政策在本企业的贯彻执行；支持股东会、董事会、监事会和经理依法行使职权；参与企业重大问题的决策。"新党章规定了我国国有企业和集体企业中党委会参与公司治理的内容和方式。

## 五、经济新常态阶段（2013年至今）

2012年11月中国共产党第十八次全国人民代表大会以来，针对国有资产监督机制不健全导致的国企高管腐败和国有资产流失问题,党中央加强对国企的反腐力度。与此同时,我国经济也进入了转方式、调结构、增动力的新常态时期,这一背景下,党组织在国企中的重要性被再次强调,并确立了"党管国企"的改革路线。其具体体现在两方面:一是党组织参与公司治理被强化;二是党组织自身职能也被进一步深化落实。这些特点在相关文件中被具体细化,如2013年中央办公厅《中央组织部、国务院国资委党委关于中央企业党委在现代企业制度下充分发挥政治核心作用的意见》对党的政治核心作用提出了详细意见,涵盖了关于党组织的参与重大问题决策、党管干部、监督领导人员、思想政治工作、政治核心作用等七个方面。

2015年8月中共中央、国务院在《关于深化国有企业改革的指导意见》中再次明确:"坚持党对国有企业的领导……是深化国有企业改革必须坚守的政治方向、政治原则",强调"把加强党的领导和完善公司治理统一起来,将党建工作总体要求纳入国有企业章程,明确国有企业党组织在公司法人治理结构中的法定地位,创新国有企业党组织发挥政治核心作用的途径和方式","企业党的建设全面加强,……国有企业党组织在公司治理中的法定地位更加巩固,政治核心作用充分发挥"。

2015年9月中共中央办公厅《关于在深化国有企业改革中坚持党的领导加强党的建设的若干意见》进一步强调从严治党,加强国企中党建工作及具体纪律建设。

2016年10月习近平总书记在全国国有企业党的建设工作会议上的讲话明确"坚持党的领导、加强党的建设是国有企业的独特优势","坚持党对国有企业的领导是重大政治原则,必须一以贯之;建立现代企业制度是国有企业改革的方向,也必须一以贯之。中国特色现代国有企业制度,'特'就特在把党的领导融入公司治理各环节,把企业党组织内嵌到公司治理结构之中,明确和落实党组织在公司法人治理结构中的法定地位,做到组织落实、干部到位、职责明确、监督严格。"

2017 年 10 月习近平总书记在党的十九大报告中指出"党政军民学，东西南北中，党是领导一切的"，"坚持党对一切工作的领导"。

这一时期，上市国企除了进一步深入推进党组织参与公司治理的"双向进入、交叉任职"外，还逐渐将党建工作写入公司章程，如一汽轿车、一汽夏利、一汽富维、宁夏建材均将党建工作纳入章程，党组织对国有企业的领导被常态化和深度落实。

表 3.1 总结了我国国有企业改革以及政治治理相关的重要事件和规定。

表 3.1　国有企业政治治理发展历程的重要事件与规定

| 发展阶段 | 重要事件、文件及内容 | 作用 |
| --- | --- | --- |
| 第一阶段：计划经济时期（1956—1978 年） | 党的第八次代表大会，确立党委集体领导下的厂长负责制领导体制 | 党委的一元化领导 |
| 第二阶段：改革开放初级阶段（1978—1992 年） | 1980 年邓小平同志在中共中央政治局扩大会议上发表《党和国家领导制度的改革》重要讲话，提出"有准备有步骤地改变党委领导下的厂长负责制、经理负责制，经过试点，逐步推广、分别实行工厂管理委员会、公司董事会、经济联合体的联合委员会领导和监督下的厂长负责制、经理负责制"<br>1984 年中共十二届三中全会《中共中央关于经济体制改革的决定》进一步强调"政企分开、简政放权" | 党委参与下的委员会领导 |
| 第三阶段：建设社会主义市场经济体制阶段（1993—2001 年） | 1993 年党的第十四届三中全会《中共中央关于建立社会主义市场经济体制若干问题的决定》，党委有重要事项的决策权<br>1997 年中共中央办公厅《中共中央关于进一步加强和改进国有企业党的建设工作的通知》，坚持党管干部的原则，党委参与企业重大问题的决策<br>1999 年十五届四中全会《中共中央关于国有企业改革和发展若干重大问题的决定》提出党委负责人可以通过法定程序进入董事会、监事会 | 党委参与公司重要决策，党管干部 |

续表

| 发展阶段 | 重要事件、文件及内容 | 作用 |
|---|---|---|
| 第四阶段：党组织参与公司治理阶段（2001—2012年） | 2004年中共中央办公厅《中央组织部、国务院国资委党委关于加强和改进中央企业党建工作的意见》强调双向进入、交叉任职<br>2002年《党章》修订、2004年《宪法》修订以及2005年《公司法》修订后均突出强调了党的政治核心作用 | 党委与高管团队双向进入、交叉任职 |
| 第五阶段：经济新常态阶段（2013年至今） | 2013年中组部、国资委《关于中央企业党委在现代企业制度下充分发挥政治核心作用的意见》详细阐述党的政治核心作用方式<br>2015年8月中共中央、国务院在《关于深化国有企业改革的指导意见》中明确国有企业党组织在公司法人治理结构中的法定地位<br>2015年中央全面深化改革领导小组第十三次会议《关于在深化国有企业改革中坚持党的领导加强党的建设的若干意见》从严治党，加强国企中党建工作及具体纪律建设<br>2016年10月习近平总书记在全国国有企业党的建设工作会议上的讲话明确"坚持党的领导、加强党的建设是国有企业的独特优势"<br>2017年10月习近平总书记在党的十九大报告中提出"党政军民学，东西南北中，党是领导一切的"，"坚持党对一切工作的领导" | 党组织内嵌到公司治理结构之中，明确和落实其在公司法人治理结构中的法定地位 |

资料来源：作者根据人民网的中国共产党新闻网以及中共中央文献研究室的相关资料手工整理。

## 第二节　国有企业政治治理的内容与方式

我国国有上市公司党委会是党的基层组织,并被《公司法》《中国共产党章程》中的规定赋予了参与公司治理的主体资格。总结我国目前国有上市公司中党委会政治治理的现状,其参与公司治理的具体内容主要体现在以下两个方面:一是围绕企业的生产经营开展各项工作;二是参与公司经营管理过程中的重大问题决策。而其参与公司治理的方式主要是通过建立相关机制、党组织运行制度、表明意见或提出建议。其中,最主要的方式是通过"双向进入、交叉任职"的领导体制。由于党委会在公司治理中的特殊地位,以及上市公司的股权性质,使得我国国有上市公司党委会在公司治理中的地位更加特殊,其参与公司治理的广度、深度与层次也呈现出整体性和立体性。①

### 一、围绕生产经营开展决策

#### （一）政治思想领导

党组织的工作职责中,很重要的一部分就是思想政治工作,即需要在思想上对公司的经营目标、方针路线以及经营管理形成统一,这是由公司党委会的政治属性决定的。《中国共产党章程》第33条指出,国有企业党

---

① 顾建键、韩狄明、王翠萍编著:《新经济组织党的建设工作》,上海:上海人民出版社,2002年,第216页。

委（党组）发挥领导作用，把方向、管大局、保落实，依照规定讨论和决定企业重大事项①，具体体现为保证和监督党和国家的方针、政策在企业得到贯彻执行。作为党的基层组织，党委会有义务在国有企业中贯彻党和国家的路线、方针和政策，发挥监督职能，按照国家有关文件的精神实质和具体要求，紧密结合上市公司的实际情况加以贯彻执行。党的政策是公司党委会开展工作的依据和基础。

只有真正掌握了政策，成为企业政策的主持者和主导者，国有企业党委会才能为充分发挥领导核心作用打下坚实的基础。我国国有企业党委会在企业中发挥"把关定向"的功能，从宏观上把握企业改革和发展的方向与原则，保证党和国家的各项方针政策和各项法律法规在企业中落到实处。②

## （二）监督职能

围绕生产经营开展监督、协调与保障工作是国有上市公司中党委会参与公司治理的主要表现形式。目前我国国有上市公司治理普遍存在着内、外部监管乏力的现象，因此，党委会围绕生产经营开展监督工作的意义显得格外重大。公司党委会除了要在依法经营、依法纳税、依法治理等方面发挥监督职能外，更重要的是通过党的组织制度和法律赋予的权力针对目前我国国有上市公司治理中存在的内部人控制、外部监管机制不健全等问题进行监督，弥补现实制度的缺陷和不足，从另一方面改善我国国有上市公司的治理状况。

党委会的监督职能，还包括党委会应围绕生产经营开展协调、整合工作，即国有上市公司党委会要成为公司各方利益主体合法权益的协调者和

---

① 《中国共产党党章》总纲第 27 自然段及第 33 条。
② 李荣融：《在中央企业党建工作会议上的讲话》，2006 年 7 月 5 日，材料来源：国资委网站 http：//www.sasac.gov.cn。

维护者，依法维护公司职工、股东（尤其是中小股东）和其他利益相关主体的合法权益，使各相关主体之间的利益冲突得到合理解决，有效平衡，构建和谐有序的治理环境和经营秩序，并在此基础上有机整合各方面资源，协调发挥各相关利益主体在公司治理中的积极性、主动性，使国有上市公司治理能够产生良好的经济和社会效益。

党委会还应围绕生产经营开展保障工作，主要指党委会应支持股东大会、董事会、监事会和经理依法行使职权[①]。当前我国国有上市公司治理中存在的内部人控制问题现象还比较突出，导致"三会一层"的法定职能扭曲，尤其是"三会"的职能和作用。党委会对"三会"的职能发挥应起到支持作用，通过完善"三会"来完善国有企业的制度，逐渐排除不合理的干扰因素，保证国有上市公司的高效运转。

### （三）党管干部

党管干部原则，是党长期坚持的一项重要原则，贯穿我国国有企业改革的始终，是党的组织路线为政治路线服务的一项有力保障。党管干部原则的实质，就是保证党对干部人事工作的领导权和对重要干部的管理权。在实际操作中，坚持党管干部原则主要是坚持以下两个方面：第一，干部人事工作的方针、政策必须由各级党组织来制定，不能政出多门；第二，各级、各方面的重要干部，必须依照许可权，由各级党组织直接管理，决定任免和推荐。[②]

在我国，党管人才是一种体制性的制度安排，党组织统一领导人才队伍建设，并通过制定人才政策和人才的中长期规划，组织实施各类人才教育培训，主导优秀人才的选拔任用，实施积极有力的人才激励措施，这不

---

① 《中国共产党章程》总纲第33条。
② 中共中央组织部研究室、中共中央组织部组织局编．党的组织工作问答（修订本）．北京：党建读物出版社，1996：21．

仅大幅度提高了各类人才的整体素质,同时也大幅度提升了我国的人力资本总量,并使之成为党执政的政治优势之一。因此,企业党组织不但有落实人才政策、实施教育培养、甄别选拔人才和有效激励人才等功能,而且也根据自身权限配置部分人才资源,特别是经营管理人才和高层次科技人才。①

## 二、参与决策

中国的国有企业,在内部的制度结构上,存在党政并行结构,即一方面是由厂长领导的企业行政管理系统,另一方面是与行政管理系统并行存在的党组织系统。在企业内的党政关系上,党组织是领导核心,一切重要事项,都要由党委集体讨论决定。在中国实行改革开放政策以前,企业内的具体领导体制,虽然也经过了厂长负责制——党委领导下的厂长负责制——革命委员会——党的一元化领导等变迁,但是,党的领导地位,基本上没有改变过。②

但是,现代企业制度的建立以及产权变革对党组织在企业的领导地位提出了挑战,因为产权变革不仅要求产权清晰、产权分界、产权流动,而且要彻底改变企业内部的制度架构,按照股份制公司的模式,在企业内部建立起由股东大会、董事会和由高层经理人员组成的执行机构这三大机构组成的法人治理结构。因此,如何明确和落实党组织在公司法人治理结构中的法定地位,需要各方从不同角度提出方案并做出努力。

---

① 马丽,马国钧.论党的作用是经济增长的内生变量.学术交流,2011(4):1-7.
② 张占斌等.新中国企业领导制度.北京:春秋出版社,1988;万福义,朱惠珍.现代企业制度与国有企业党的建设.北京:中共中央党校出版社,1997.

## (一) 参与决策的制度化努力

1997年3月11日中共中央起草并出台了《中共中央关于进一步加强和改进国有企业党的建设工作的通知》，在《人民日报》上公开发表。从操作层面上讲，该通知主要回答的问题，实际上就是国有企业的党组织如何参与决策的问题。该通知中规定，"国有企业党组织参与重大问题决策是发挥政治核心作用的重要职责和基本途径"，并专门对国有企业党组织参与重大问题决策的内容、途径和方法做了论述。该通知中明确指出，公司制企业党组织参与重大问题决策的范围，一般指公司提交股东会、董事会审议决定的问题。关于参与决策的方法，该通知指出，各地已摸索出一些行之有效的方法，应当坚持和完善，并列举了一些各地党组织的具体做法，如"党政主要领导商量确定决策议题"，"党委会或党委扩大会上进行集体研究后，提出意见和建议"等。

目前最普遍的做法，就是"双向进入"[①]。"双向进入"实质是通过人事上的渗透来解决党组织的地位和作用问题，这种做法又叫"交叉任职"。"双向进入"，就是上级党组织利用政府对国有企业的控股权，通过股东大会、董事会、总经理这个治理链，让企业的董事会成员进入党委会，成为党委委员，或者让党委委员担任董事职务，董事会和党委会之间在人事上形成一种不分你我的局面；采用同样的办法，让职工代表大会的成员进入工会，让党的纪律检查委员会的成员进入企业的监事会。[②] "双向进入、交

---

[①] 几乎在所有关于解决这一问题的论文中，都提到了这种方法。《中共中央关于进一步加强和改进国有企业党的建设工作的通知》第五部分也专门论述了"一肩挑和双向进入"。参见：全国加强国有企业领导班子建设协调小组办公室编，《国有企业领导班子考核建设工作指导》，党建读物出版社，1997年，6–7页。

[②] 任铁缨. 论发挥企业党组织在法人治理结构中的作用. 党建研究，1998 (7)：31~34.

叉任职"这一领导体制的提出,第一,在不改变企业法人治理结构的情况下,为企业党组织找到了自己的位置,即董事会实际上就是党委会,监事会实际上就是党的纪律检查委员会。第二,由于董事会成员与党委会成员双向进入,董事会决策实际上就是党委会决策,解决了企业党组织如何参与决策的问题。

但是问题仍然存在。第一,并不是在任何情况下,都能实现这种双向进入的人事安排,这种做法只适用于国有独资企业。第二,在实际操作中,身兼两职的人往往面临着两种角色的冲突。例如,董事会与党委会的决策规则是不一样的,党委会是集体决策、集体负责,董事会也是集体决策,但是由个人负责,如果决策失误,个人要承担一定的责任,甚至可能要进行经济赔偿或者承担其他法律责任。第三,并不是董事长兼任党委书记后,就能完全代表党的利益,在做决策时自觉地站在党组织的角度,代表党组织参与决策。

因此,如何制定合理的制度和规定,保证上市公司党委会有效参与决策,参与治理,也能体现出党委会为确保决策的科学性和现实操作性确定的工作方向。相应法律法规等规章制度的建立和实施,使党委会开展工作、发挥作用有了制度保障。

### (二) 事前沟通与组织保障

党委会与董事会的事前沟通为现在国有企业普遍的做法。党组织研究讨论是董事会决策重大问题的前置程序,重大经营管理事项必须经党组织研究讨论后,再由董事会做出决定。① 党的组织原则是民主集中制,公司的党组织也必须坚持该原则,将党委会的会议意见传递到董事会。因此,

---

① 2016年10月习近平总书记在中央召开全国国有企业党的建设工作会议中的讲话。

畅通沟通渠道，加强事前沟通是党委会更好地参与决策的有效途径。为保证上市公司党组织参与决策，处理好党委会和董事会之间的关系是基础，两者的成员应当在决策前事先沟通，交换意见，达成共识，将党委会的意见、主张及时反馈给董事会。党委书记、董事长、总经理在重大问题决策前充分沟通，广泛听取党员、职工及有关方面的意见，在党委会参与公司重大问题决策的实践中，形成优势互补、力量聚合的局面。

另外，我国国有上市公司党委会参与公司重大问题决策是通过党的组织制度实现的，以此增强相关决策者的双重责任感，增强决策者的全局观念，做到围绕中心、顾全大局，全面提高国有上市公司治理的效果。例如，五粮液集团有限公司党委会的领导班子依法进入董事会、监事会和管理层，按照精简高效的原则，实行党委书记、董事长"交叉任职"；在股东民主选举产生领导班子时，认真做好广泛、深入的思想政治工作和舆论宣传，注意把那些具备入党条件的董事会、监事会和管理层人员及时吸收到党组织里，为公司党委会领导的建设提供基础保障。

总之，党组织参与公司治理的内容与方式，主要是通过将党组织参与公司治理的内容和方式制度化、加强事前沟通与组织保障等方式参与公司治理，其具体内容可以总结为：第一，围绕公司生产经营开展各项工作，如为企业发展把方向、管大局、保落实以及监督企业运行情况等；第二，参与重大问题决策，尤其是"三重一大"事项。因此，我国国有上市公司党委会的政治治理是广泛而深入的，其目的是多元而统一的。

## 第三节 目前政治治理存在的问题

尽管相关的法律规范赋予了党组织在公司治理中的主体地位，也为其工作的开展提出了方法和指导,但是,由于相关的规范不够明确,以及企业在实践中的一些具体情况,党组织在参与公司治理过程中不可避免地还存在一些问题需要改进。

## 一、党委会与董事会的冲突

常态公司治理结构中的股东会、董事会与监事会被称为"新三会",而"老三会"是指传统企业组织制度中的党委会、职代会与工会。前者是现代公司制企业治理结构的主体框架,是创立现代企业制度须坚持的核心;后者是传统企业制度的精髓,是公司化改组过程中不可废弃的重要组成部分。按照卢昌崇(1994)的观点,如何有效协调两者的相互关系,是试行股份制以来,国有企业按照现代企业制度要求重新改组过程中,在公司治理结构层面遇到的一个最大难题。而"新三会"与"老三会"之间的关系问题,又以董事会和党委会的关系为核心。

董事会和党委会是国有企业内部最容易出现冲突的两个主体。党委会参与决策、表达意见的对象主要就是董事会,因为董事会是法律规定的公司的法定决策机构,是企业决策的核心,其做出的决策是具有强制执行力和约束力的。但是,无论是在我国国有上市公司设立时公司章程的制定,还是在公司的实际经营管理过程中,党委会与董事会、经理层之间就有关问题可能存在冲突。这一矛盾的根源在于党委会与董事会之间存在权力分割问题,解决这一问题的关键是需要相关的法律法规将双方的职责、权限和权力边界划分清楚。这一问题对我国国有企业的发展非常重要,如果不能妥善解决,会演变为超出国有上市公司范围的、涉及更广泛群体利益的斗争,使国有上市公司的经营受阻,产生无谓的内耗。因此,在我国国有企业中应处理好党组织和其他治理主体的关系,明确权责边界,做到无缝衔接，形成各司其职、各负其责、协调运转、有效制衡的公司治理机制。①

## 二、人员双重身份的角色冲突

国有企业中，党委会参与公司治理还遇到另外一个难题，即角色冲突。按照"双向进入、交叉任职"的领导体制安排，符合条件的党委会成员可以按照法定程序进入董事会、监事会以及管理层，由此，双向进入人员就具备了两种身份，如既是党委成员又是公司董事。更重要的，如果董事会和党委会实行"交叉任职"，由董事长担任党委书记，那么身份和角色上的双重冲突更加严重。因为党委会是集体决策，按照少数服从多数的原则形成集体意见，后果也是由集体承担，但是董事会是个人决策，董事享有行使决策表决权的法定权力，② 同时后果由个人承担。因此，一个是民主集中制集体表决，一个是票决制，即两者实质上是集体决策和个人决策，那么，如果党委会的集体意见与同时作为董事在董事会上的表决意见不一致，董事该如何表达意见呢？

但是，我国《公司法》第 112 条规定："董事应当对董事会的决议承担责任。董事会的决议违反法律、行政法规或者公司章程、股东大会决议，致使公司遭受严重损失的，参与决议的董事对公司负赔偿责任。但经证明在表决时曾表明异议并记载于会议记录的，该董事可以免除责任。"同时，根据党章的规定，党委会形成的集体决策应该是符合法律法规的，

---

① 详见 2016 年 10 月习近平总书记在全国国有企业党的建设工作会议上的讲话。
② 决策表决权不同于决策权，也不同于参与决策权。决策表决权的主体是公司董事，决策权的主体是公司董事会，而参与决策权的主体可以是董事会、党委会、经理。决策表决权的行使是在决策过程中，参与决策一般是在决策之前进行的。参见张忠军：《国有公司治理与坚持党的领导》，《中国党政干部论坛》，2005 年第 9 期，第 7 页。

即使存在不合适的地方,党委会成员也可以向上级党组织进行反映。

因此,公司人员双重身份的角色冲突,主要是由于相关人员对两个角色的认识不够全面造成的,董事只需行使自己的职责发表意见即可。但是在实际情况中,由于对这两个角色的认识片面而导致的矛盾仍然大量存在,笔者认为有必要让我国国有上市公司的人员对自身的角色和定位以及工作职责有清楚的认识,并相应地承担法律责任。

| 第四章 |
# 政治治理行为与效果的理论分析

本章在对企业政治关联的国内外文献进行回顾并分析了我国特有的政治制度环境后,以国有企业政治治理为研究对象,理论分析其影响企业决策、行为以及治理水平的路径。本章将研究问题从以下三个部分进行论述:第一,国有企业政治治理的监督职能是否能够对高管人员进行有效监督进而减少代理成本,同时影响高管薪酬契约的有效性;第二,在参与决策过程中,政治治理是否会影响企业的雇佣决策,进而使企业释放出更多的就业机会,促进社会就业;第三,综合前面两个问题,政治治理最终会对企业的治理水平产生什么样的影响。在此基础上,作者提出本书可实证检验的假设。

## 第一节 核心概念框架

Chang 和 Wong（2004）指出，中国的上市公司面临的政治治理主要来源于两个方面：一是来源于国有控股股东，股东的身份使得政府在产权上保持对企业的干预；二是来源于政府部门，政府部门对上市公司仍然保持着一定程度的权威。尽管中国从 1992 年社会主义市场经济建设开始已经加快了政企分离的进程，但很多案例研究仍表明政府部门和相关的行政机构并没有完全切断他们与公司之间的纽带（World Bank，1997）。政府通过对贷款、土地等重要资源的配置影响公司决策。三是来源于企业基层党组织。在中国，从 20 世纪 50 年代初期开始，高管制定决策需要充分考虑党委会的意见（Ji，1998），《公司法》以及《中国共产党章程》都强调了党讨论和决定企业重大事项的权力（Shanghai Stock Exchange，2000；Tenev and Zhang，2002；McGregor，2001），党组织形成的系统网络（Party Network）是企业获取贷款等资源的重要途径（McGregor，2001）。而目前关于政治治理对国有企业行为影响的研究主要关注于前两种来源，忽略了企业基层党组织这一重要方式。值得注意的是，与其他的转型经济体不同，我国的经济改革是在党的领导下进行的，从新中国成立初期到 20 世纪 70 年代末的改革开放，再到现在的建立现代企业制度，期间虽经历了数次变革和制度调整，但党组织的地位始终没有动摇过，特别是我国《宪法》《公司法》《中国共产党章程》中的有关规定更是明确了我国国有企业党委会参与公司治理的主体资格。因此，我国这种特有的政治体制以及政治治理在国有企业中发挥领导核心作用对企业究竟意味着什么，是一个值得研究的问题。在现有的政治关联相关文献研究的基础上，笔者界定了本书的研究框架和核心概念，如图 4.1 所示，虚线框内为本书的研究内容。

此外，本书与已有政治关联研究的不同之处主要有以下三个方面：

第一，影响主体不同。目前有关政治关联的文献研究中，并未对政治治理的主体进行严格区分，但由于我国特殊的政治制度，不同政治治理主体之间相互交织，但又不完全相同。我国学者对政治关联、政治干预企业行为进行的研究中，包括政治干预对公司绩效的影响（徐晓东、陈小悦，2003；夏立军、方轶强，2005），对企业微观行为，如贷款融资（Fan et al.，2007；余明桂、潘红波，2008；Li et al.，2008）、公司多元化（陈信元、黄俊，2007）、并购（潘红波等，2008）、过度投资（杜兴强等，2011）以及IPO募资变更（马连福、曹春方，2011）等的影响。但这些研究中的政治干预多为政府行为，主体为政府部门，即政府对企业微观行为的影响。尽管一些研究已经深入构成政府部门的官员行为，研究政府官员特征，如任期、政治晋升等对当地经济增长以及企业的影响（周黎安，2004；张军、高远，2007；王贤斌、徐现祥，2008），但这些研究均只到了政府层面，即使是政府官员，也仍是该层面上构成的微观个体，并没有对影响政府行为背后的因素，做更深一层的探讨。党组织是影响政府行为的重要力量之一，因此，本书将对政府行为的研究深入到企业内部政治治理对企业决策的影响。

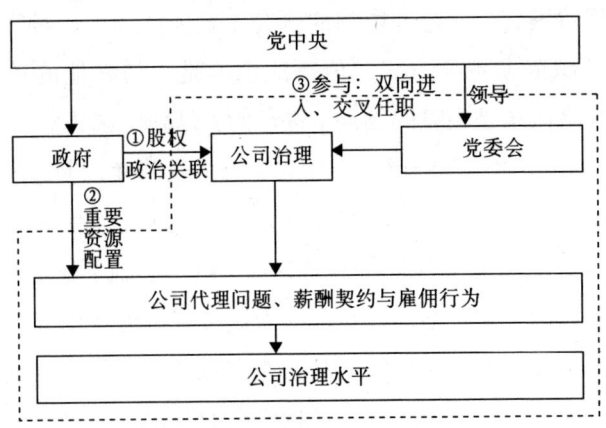

图 4.1　本书核心概念框架

第二，影响路径不同。Chang 和 Wong（2004）指出，中国上市公司面临的三个方面的政治治理，分别为国有控股股东、政府部门以及企业基层党组织。国有控股股东通过其股东身份可以在产权上保持对企业的干预，具有天然的"血缘关系"，即图4.1中①所表示的路径；政府部门由于对上市公司仍然保持着一定程度的权威，通过对贷款、土地等重要资源的配置影响公司决策，即图4.1中②所表示的路径；企业基层党组织，通过在企业内部形成系统网络（Party Network），是企业获取贷款等资源的重要途径（McGregor and Richard，2001），更是党和政府对企业进行治理的重要路径和形式，我国《公司法》以及《中国共产党章程》均赋予了党委会参与公司重大经营决策的权力，① 党委会通过和董事会、监事会以及管理层之间的"双向进入、交叉任职"等方式参与到公司治理中，发挥领导核心作用，如图4.1中③所示。目前关于政治治理对企业行为影响的研究主要集中在第一和第二种路径，对第三种来源于企业内部政治治理这一路径较少涉及，而这正是本书所研究的内容，即企业内部的政治治理对企业行为的影响，如图4.1中虚线框内所示。

第三，影响方式不同。政府部门存在于企业外部，其对企业的治理多是通过产权实现，或通过资源配置进行影响，而企业党组织存在于企业内部。《中国共产党章程》规定："企业、农村、机关、学校等基层单位，凡

---

① 我国《宪法》序言以及第1条中明确了中国共产党是中国特色社会主义最本质的特征；我国《公司法》第19条规定："在公司中，根据中国共产党章程的规定，设立中国共产党的组织，开展党的活动。公司应当为党组织的活动提供必要条件。"《中国共产党章程》第33条第2款规定："国有企业和集体企业中党的基层组织，发挥政治核心作用，围绕企业生产经营开展工作；支持股东会、董事会、监事会和经理依法行使职权；参与企业重大问题的决策。"

是有正式党员三人以上的,都应当成立党的基层组织。"① 因此,党组织是国有企业组织结构中不可缺少的部门,直接作用于企业内部,尤其是"双向进入、交叉任职"的领导体制的实施,更是从组织上明确了党委会参与公司经营决策的具体途径和方式。再加上依据"党管干部""党管人才"的原则,党组织长期以来一直拥有着企业的人事任免权,并具有参与企业重大决策的权力,特别是"三重一大"事项,必须由党委会集体做出决定②。综合以上现实情况,相比较外部政府部门,企业内部的政治治理对企业的影响无疑更为直接和有力。

因此,本书为政治关联相关研究提供了新的研究视角,将研究视角从外部政府部门扩展到企业内部的基层党组织,区分不同主体对企业行为的影响和效果,并通过实证研究验证了第三种政治治理途径——通过国有企业内部党组织影响企业行为的存在,拓宽了政治关联与公司治理领域的文献,丰富了相关领域的研究成果以及中国特色的公司治理理论。

---

① 《中国共产党章程》第五章《党的基层组织》第30条规定:"企业、农村、机关、学校、科研院所、街道社区、社会组织、人民解放军连队和其他基层单位,凡是有正式党员三人以上的,都应当成立党的基层组织。党的基层组织,根据工作需要和党员人数,经上级党组织批准,分别设立党的基层委员会、总支部委员会、支部委员会。"

② 2010年7月15日中共中央办公厅、国务院办公厅印发了《关于进一步推进国有企业贯彻落实"三重一大"决策制度的意见》中规定:"凡属重大决策、重要人事任免、重大项目安排和大额度资金运作(简称"三重一大")事项必须由领导班子集体做出决定。董事会、未设董事会的经理班子研究"三重一大"事项时,应事先与党委(党组)沟通,听取党委(党组)的意见。进入董事会、未设董事会的经理班子的党委(党组)成员,应当贯彻党组织的意见或决定。"

## 第二节 政治治理与代理问题、高管薪酬契约

本节首先深入分析政治治理在企业中发挥的监督职能对公司高管行为产生的影响,是否能够有效约束高管的机会主义行为,减少代理成本;其次,分析政治治理对高管人员的行政监督作用会对其薪酬水平产生什么影响,传统的代理理论与管家理论中,究竟哪种理论更适合我国的国情;最后,在此基础上,提出政治治理与代理成本、高管薪酬的相关研究假设。

### 一、政治治理与代理问题

#### (一)内部人控制问题

现有的产权理论与转轨经济的研究表明,在国有产权为主导的制度安排下,政府职能的"缺位"容易导致"内部人控制"问题,即政府部门在下放了企业的经营管理权的同时,却没能有效地控制和监督企业经营者的行为,致使企业经理人员能够为牟取个人私利而损害企业出资者的权益(黄兴孪,沈伟涛,2009)。吴敬琏(1994)对我国国有企业如何有效建立公司治理结构提出了三个要解决的问题,包括解决"所有者缺位"问题、干部人事制度与公司治理结构的原则之间存在矛盾的问题、放权让利过程中出现的"内部人控制"问题,并指出"内部人控制"在提高经理人工作积极性的同时,会带来公司治理结构的扭曲和经理人的败德行为,造成资

源浪费。①

费方域(1996)从八个方面总结了我国改革过程中的内部人控制问题,主要包括在职消费、信息披露不规范、经理人短期行为、过度投资和耗用资产、薪酬增长过快、转移国有资产、忽视小股东利益、不分工或少分工以及拖欠债务。这些内部人控制产生的问题反映了我国国有企业中公司治理结构的不完善。张一驰(1996)也对内部人控制的含义进行了研究,认为在事实上掌握了企业控制权的经理人或员工,在公司决策中充分得到自身利益的现象被称为内部人控制;指出内部人控制现象是经济转型时期难以克服的问题,由此更加凸显公司治理结构在我国企业制度改革中的重要性。豆建民(1999)认为形成内部人控制的首要原因就是公司内部治理机构存在缺陷,公司董事会和经理层缺乏对代表股东利益的董事会成员的考核、奖惩、任免等规定,使董事会难以对经理层进行监督。其次就是国有资产的"所有者缺位"造成对国有资产所有者代表的激励不足,对其缺乏监督的动力。因此,他认为我国的内部人控制问题主要在于委托人方面。②

现有研究表明,国有企业的内部人控制会导致国有资产流失、企业效益低下以及腐败、社会不公平等不良的社会后果(张春霖,1995;钱颖一,1995;陈湘永等;2000),最终引发的最大社会问题就是公众的不满,不利于产生稳定的、运转良好的市场经济(钱颖一,1995)。但是,由于与西方意义上的现代企业制度相比较,我国特殊的制度背景和产权结构以及市场环境,使得我国国有企业的内部人控制问题呈现出不同的特点,即"行政干预下的经营者控制型"(张春霖,1995),因此,解决我国国有企业的内部人控制问题需要结合我国的具体特征,不能直接借鉴外国的经

---

① 吴敬琏. 现代公司与企业改革. 天津:天津人民出版社,1994,第286页.
② 豆建民. 中国公司制思想研究. 上海:上海财经大学出版社,1999,第187页.

验。针对这一问题，学者们也都提出了自己的观点，如张维迎（1995）、张春霖（1995）认为应该推进国有企业的产权改革；杨瑞龙（1998）和陈湘永（2000）认为应该完善国有企业的公司治理结构；林毅夫（2005）则认为应完善国有企业的外部环境；张维迎（1995）认为应健全经营者的激励和约束机制；杜兴强（2000）则从会计人员委派制角度提出了建议。但是，解决我国国有企业的内部人控制问题需要考虑一个重要的约束条件，即我国独特的政治制度。一直以来，党组织在我国国有企业中都发挥着领导核心和政治核心作用以及对经理人进行监督的职能，是我国国有企业公司治理的最大特色，在一定程度上可以解决我国国有企业中由于内部人控制带来的代理问题。

### （二）政治治理与代理成本

1999年，党的十五届四中全会通过的《中共中央关于国有企业改革和发展若干重大问题》明确指出："在社会主义市场经济条件下，国有经济在国民经济中的主导作用主要体现在控制力上。"这里"控制力"即是要防止出现内部人控制，保证党组织参与企业的治理过程，通过独特的政治优势、党员优势以及组织优势，解决企业中出现的各种问题，发挥监督职能，促进企业经济效益的提高。该文件问题指出："这是西方国家任何企业都不可比拟的独特优势。这种独特优势已经成为国有企业管理的重要要素。"①

第一，"党管干部"是制衡和约束国有企业内部人行为的重要原则和方式（钱颖一，1995；李稻葵，1999；钟海燕等，2010）。一直以来，我国的经济制度和企业制度经过了很大的调整和改革，但是人事制度始终没有太大改变，"党管干部""党管人才"始终是党和国家干部管理制度最根

---

① 孙振声. 推进国企党建改革创新. 湖北日报，2010-12-08.

本的原则，并要求要长期坚持，这一原则使得党在选用和罢免国有企业管理人员方面具有牢固的控制权（青木昌彦，1994；Fan et al.，2007）。钱颖一（1995）就明确指出党的人事任免权是国有企业内部人控制的最重要的平衡力量，党组织对企业管理者做出的惩戒性解职会剥夺与某一职位相关的租金，进而对经理人员构成严重的制衡。卢昌崇（1994）认为，我国国有企业中"老三会"的设置就是一种制衡机制，主要作用就是使内部人互相监督，即使现在"新三会"是公司制企业治理机构的主体框架，"老三会"作为我国政治制度在国民经济基层单位的具体体现，在监督和制衡经营者、把握企业发展方向上仍然发挥着不可替代的作用。李稻葵（1999）与Qian（2000）也指出，直接任命国有企业管理者是政府控制企业的最有力手段，这种行政手段有助于政府监控企业内部人的滥用权力行为，降低代理成本。钟海燕等（2010）直接以2005—2008年我国国有上市公司为样本实证检验行政干预下的内部人控制的控制权安排对公司投资行为的影响，发现行政干预虽然有追求非经济效率的弊端，但也有控制内部人机会主义的作用，在市场机制尚未有效约束代理行为之前，行政干预可以作为缺失的市场机制的一个替代，抑制代理冲突的发生。

第二，党委会具有参与公司重大经营决策的权力，从"源头"上防止内部人控制和国有资产流失。根据我国《公司法》以及《中国共产党章程》的规定，国有企业党委会参与公司治理、发挥领导核心作用主要通过两个方面：一是围绕公司生产经营开展工作；二是参与公司重大经营管理决策，尤其是"三重一大"事项。参与决策的主要方式是通过"双向进入、交叉任职"的领导体制，将党委会和董事会、监事会以及管理层成员相结合，从组织上强化党组织在企业法人治理结构中的地位和作用，将党和国家的政策、方针、路线贯穿在企业中，为企业的发展"把关定向"。董学群（2009）认为，国有股权越高，党委会与董事会、监事会同质性越强，党委会越宜与董事会、监事会交叉任职，这有利于防止内部人控制，保障国家利益不受损害。另外，党组织在形成决策时要集中群众意见，组织专家论证，并在决策实施过程中加强监督，充分发挥民主监督的保障作用，这也在一定程度上抑制了内部人行为，降低了由内部人控制问题产生的代理成本。

据此，提出本书的假设一：党委会政治治理程度越高的公司，其代理成本越低。

## 二、政治治理与高管薪酬契约

### （一）代理理论与管家理论之争

两权分离的现代公司中，如何确保经理人按照股东利益行事，是公司治理的核心问题（Shleifer and Vishny，1997）。关于该问题的理论主要有代理理论和管家理论。代理理论将经理人视为理性的（个人主义的、自利的、机会主义的）经济人，其行为完全由个人根据效用最大化原则而定；而管家理论将经理人视为（集体主义的、利他的或利组织的、忠诚可信的）社会人，是恪尽职守、可以信赖和高度组织承诺的"管家"，其行为具有集体主义倾向，受社会动机和成就动机的驱动，目标是要追求委托人的福利最大化（苏启林，2007）。这两种理论由于基本假设的对立，是相互冲突的理论体系。那么，我国国有企业经理人到底偏向于表现为机会主义行为者，还是偏向于表现为代表党和国家利益的兢兢业业、勤勉尽责的管家呢？笔者认为，这和我国国有企业改革历程以及特殊的经济体制有关。

二十多年来，以产权改革为主要内容的国有企业改革一直是我国经济改革中的重大课题。我国国有企业改革沿着从国有独资到国有控股再到国有产权多元化的渐进式路线展开（白云霞、吴联生，2008）。随着市场化进程，国有股东逐渐退出国有企业，但对国有企业的人事任命权并没有放松，国家仍掌握着国有企业人事任免权，对国有企业的控制从所有权控制转向人事控制。纵观我国国有企业改革历程，经济制度在改革，但人事制度并没有很大改变，"党管干部"原则始终没有动摇。2002 年中组部颁布实施的《党政领导选拔任用工作条例》中明确指出"选拔任用党政领导干部，必须坚持党管干部原则"，并指出该基本原则和基本要求，对中央金融机构和国有重要骨干企业领导人员的管理也同样适用。[①] 2009 年 12 月 30 日，中共中央办公厅、国务院办公厅印发了《中央企业领导人员管理暂行规定》，党管干部原则再次贯穿始终，规定强调党管干部原则是党的干部工作的一项基本原则，必须毫不动摇地坚持，同时注意把党管干部原则与《中华人民共和国公司法》《企业国有资产法》等法律法规相衔接，使其符合深化国有企业改革、建立现代企业制度的要求。[②] 2017 年 10 月中国共产党第十九次全国人民代表大会报告中进一步指出要坚持党管干部、党管人才原则。[③] 由于"党管干部"的现实存在，以及党和政府仍然把握着国企高管人员的任命权（刘小玄，2001），政治晋升仍然是激发国企经理人努力敬业的主要机制，也使得基于代理理论的政策主张缺乏必要的制度前提而无法有效实施。因此，国企高管人员的行为更偏向于表现为代表党和政府利益的"管家"而非企业的代理人。

---

① 中共中央组织部办公厅关于印发《关于<党政领导干部选拔任用工作条例>若干问题的答复意见（一）》的通知中对第二个问题"中央金融机构和国有重要骨干企业领导人员的选拔任用是否参照执行《干部任用条例》"的回答。http://cpc.people.com.cn/GB/64162/71380/102565/182144/10994898.html.

② 中组部国资委就中央企业领导人员管理暂行规定答问中对第二个问题"《管理规定》和《考评办法》作为中央企业领导人员管理的基本规章，它的指导思想和总体思路是什么"的回答。http://www.gov.cn/jrzg/2009-12/30/content_1500249.htm.

③ 2017 年 10 月习近平总书记在十九大报告中强调要坚持党管干部原则，坚持德才兼备、以德为先，坚持五湖四海、任人唯贤，坚持事业为上、公道正派，把好干部标准落到实处。要坚持党管人才原则，聚天下英才而用之，加快建设人才强国。

另外，国有企业中党委会最主要的职能就是对经理人员进行行政监督。我国建立现代企业制度起步较晚，外部市场建设也不够发达，在内部治理和外部市场机制都不能对经理人员产生有效激励和约束的情况下，行政监督仍然是制约国有企业经理人员滥用权力行为的重要手段（李稻葵，1999；Qian，2000）。尤其是党委会通过"双向进入、交叉任职"这一领导体制进入管理层后，管理者同时又是党委成员，身份上的重合更利于这种行政监督的"管家"职能的发挥。因此，笔者认为相较于企业的代理人身份，我国国有企业的经理人更多地表现为代表党和政府利益的"管家"，更加支持"管家理论"。

### （二）政治治理与高管薪酬水平

由于我国上市公司有别于其他国家上市公司的重要特征是股权结构的集中和众多上市公司控股股东的国有性质，我国国有控股公司的薪酬契约存在两方面的特征。一方面，国有企业经理人特殊的选拔、委派和提升机制可能会导致国有企业经理人更为关注政治前途而非薪酬，政治晋升的激励强于薪酬激励，进而弱化薪酬水平（郑志刚，2012）。党管干部原则的现实存在以及领导人往往由政府部门指定，使得其身份不仅仅是一个企业管理人员，更是国家机关的工作人员。与薪酬相比，政治前途更为国有企业管理层所关注。因此，国有企业管理层与非国有企业管理层的效用函数存在显著的差别（吴联生等，2010）。另一方面，我国政府对国有企业管理层的薪酬进行了管制，2009年"限薪令"的颁布，更是以一种变通的方式规定了高管薪酬的上限，管制的结果可能降低国有企业管理层的相对收入水平（陈冬华等，2005）。

由于"党管干部"原则以及党委会监督职能的现实存在，作为党和政府的"管家"的国有企业经理人更加倾向于满足党和政府的政治性目标而非企业的经济目标，他们更为关注政治前途而非从企业获取的实际报酬。

况且，相比容易被外界关注的直接体现为货币的薪酬，在职消费这种不易被观察到的隐性报酬是一种更为安全、有利的替代性选择（陈冬华等，2005）。因此，当公司管理者同时是党委会成员时，他们会更加积极地响应国家制定的高管薪酬管制的相关政策，主动发挥表率作用，降低自身的薪酬水平。较严格的政治治理会在当公司绩效较差时迫使高管降低工资和奖金（Chang and Wong, 2004），政治治理程度越高，这种现象越明显。

由此，提出本书的研究假设二：政治治理程度越高的公司，其高管薪酬水平越低。

## 第三节　政治治理对雇佣决策的影响

本节首先分析政治治理的动机以及从哪些方面对企业产生影响，其次，从政治治理的主要动机之一——雇员规模角度分析政治治理是否影响了企业的雇佣行为，促使企业释放更多的就业岗位，提供更多的就业机会，最后，在此基础上，提出政治治理与雇员规模的相关研究假设。

### 一、政治治理动机

Shleifer（1998）认为，廉洁的政府中的政治家们会使用政府所有权，以便将社会福利最大化，而这可能会降低国有企业的效率；如果地方政府将其政府所有权作为其追求政治目标的依托，国有企业的经营效率和业绩可能会更低。随后，Lin et al.（1998）的研究表明，在转型经济体中，承担政府的多重目标成为国有企业存在的主要问题，例如社会就业、宏观经济战略、养老保障和社会稳定，而这些目标一定程度上会成为国有企业的目标。曾庆生和陈信元（2006）以1999—2002年正常运营的上市公司为作为研究样本，发现相较于非国有公司，国有公司承担的社会性责任更多。

我国经历了从计划经济到市场经济的转型，政府的权力配置也由集权到分权，从而地方政府拥有了财政自主和经营管理等权力。随之而来的还有社会目标，例如社会就业、养老和稳定等，也分配到地方政府头上。随着我国市场化进程的加快和民营企业的繁荣，许多中小型国有企业的经营出现问题，甚至面临破产危机。这在很大程度上影响了当地居民的就业和社会稳定。而当财政赤字变得严重，失业率变高，地方政府影响当地企业活动的动机会变得更强，其政策性目标被内化至企业经营中。

我国劳动就业制度从计划经济下的统包统配制度，转变成近年来的市场化体制，一些政策的实施，例如下岗分流和减员增效，都使得国有企业雇员的问题有所释放。陈钊和陆铭（2003）指出，政府仍在规模和速度方面严格控制着国有企业的下岗分流。因为就业情况是考核地方政府和提拔政府官员的主要指标之一，以避免高失业率带来的犯罪和失业人员对社会稳定的威胁，政府为了避免这类问题的发生，会创造更多的就业机会，促使企业增加雇员数量，限制企业人员的下岗分流（沈永建、张天琴，2011）。但这些任务多由国有企业承担，因此，国有企业较私有企业来说，承担了更多的就业压力（Boycko et al. , 1996）。

## 二、政治治理与雇员规模

现有研究较多地从企业产权性质和政府部门干预角度研究国有企业雇员问题，（Frydman et al. , 1998；Dewenter and Malatesta, 2001；Boycko et al. , 1996；林毅夫、李志赟, 2004；林毅夫等, 2004；薛云奎、白云霞, 2008），指出政治影响或政治压力导致企业雇用更多员工，但并没有对政治影响这种行为进行深入分析,即政府通过什么作用机制来实现对企业雇佣行为的影响,并且忽略了企业基层党委会这一路径。Campbell（2007）指出,企业党委会作为一种制度力量,有助于加强社会监管,遏制企业非社会责任行为,有效弥补市场调节和政府调节的空白,促进社会协调发展,有利于对全社会的整体和谐发展承担更大的责任。企业基层党委会作为企业的领导核心和政治核心,在某种程度上是国家在企业这一微观主体中意志的体现。党和政府是经济、文化、社会事业的直接管理者,因此,企业内部党委会的政治治理必然会对企业的经营决策构成影响和制衡（梁建等,2010）,这其中就包括企业的雇佣行为。

首先,政治治理在企业中的主要职能就是监督和制衡企业经理人员,把握企业发展方向。事实上,我国公司中"老三会"的设置就是一种制衡机制并且由来已久,即使现在"新三会"已经成为现代公司制企业治理结构的主体,"老三会"作为我国政治制度在国民经济基层单位的具体体现仍然没有被完全取代（卢昌崇,1994）。在我国,党和政府一直都保留着选用和罢免国有企业经理人员的权力（青木昌彦,1994；刘小玄,2001；Fan et al.,2007）,党组织部门的权力并未受到经济改革的影响,某种程度上党组织对经理人员的任免权被用作制约经理人员权力的一个重要的平衡力量。党和政府之所以愿意将相当部分控制权授予经理人员而不担心完全失去控制,可能就是因为党仍然集中控制着经理人员的任命和激励（钱颖一,1995）。其次,我国《公司法》《中国共产党章程》等相关规定赋予了国有企业党委会参与公司重大经营决策的权力,从"源头"上强化了党组织为企业"把关定向"的功能。特别是在关系到企业经营目标（尤其是当涉及诸如就业等政治问题时）和发展规划等重大问题上,需要由党委会集体做出决定。"双向进入、交叉任职"领导体制的安排,更是从组织上明确了党委会参与公司治理的具体途径和方式,进一步保证了党组织的意志贯彻于企业的重大决策之中。因此,国有企业中代表党和政府利益的党委会的存在,尤其是"双向进入、交叉任职"的领导体制安排,使得党委会既有动机也有能力对企业的雇佣决策产生影响,促使企业创造更多的就业机会,提供更多的就业岗位。

由此,本书的研究假设三:政治治理程度越高的公司,其雇用的员工规模越大。

## 第四节 政治治理对公司治理水平的影响

在前面两节分析政治治理对企业的代理问题、高管薪酬和雇佣决策影响的基础上,本节重点分析政治治理的这两种作用最终会对企业整体的治理水平带来什么影响,并由此提出政治治理与公司治理水平的相关研究假设。

根据本章第一节的内容,"党管干部""党管人才"等行政手段可以对国有企业高管人员的行为产生制衡和约束(钱颖一,1995;李稻葵,1999;钟海燕等,2010)。此外,党委会通过参与公司重大经营决策,又可以从"源头"上防止内部人控制和国有资产流失,在一定程度上降低由内部人控制产生的代理成本,并降低高管薪酬水平。政治治理的程度越高,越能抑制这两种成本的增加。

另外,根据本章第二节的分析,党委会的政治治理会对企业的雇佣决策产生影响,促使企业创造更多的就业机会,提供更多的就业岗位,增加企业的雇员规模,但这相应的会增加公司的雇佣成本。李稻葵(1999)指出,这两种成本,即代理成本与雇佣成本之间可能会存在此消彼长的关系。即随着政治治理的增强,企业雇用更多员工,雇佣成本上升的同时,有助于对内部人的行为产生制约,抑制内部人控制产生的代理成本,降低高管薪酬。因此，在公司治理意义上，政治治理引致的综合成本将呈现"U"形的特征（钟海燕等，2010；黄兴孪，沈维涛，2009），即当政治治理的程度较低时，企业雇佣成本较低，但同时政治治理也不能有效发挥抑制内部人机会主义行为的作用，内部人的代理问题严重，代理成本和薪酬成本较高。随着政治治理程度的增加，其行政监督职能增强，内部人控制问题得以缓解，代理成本和薪酬成本有所降低，但同时影响企业的雇佣决策，雇用更多员工，雇佣成本增加。因此，随着政治治理程度的上升，代理成本和薪酬成本逐渐下降，而雇佣成本逐渐上升，在两种状态中间，存在一个最优的政治治理程度，平衡各项成本，使得综合成本最小，如图4.2 中 4-a 所示，政治治理治理程度与综合成本呈现出 U 形的曲线关系。

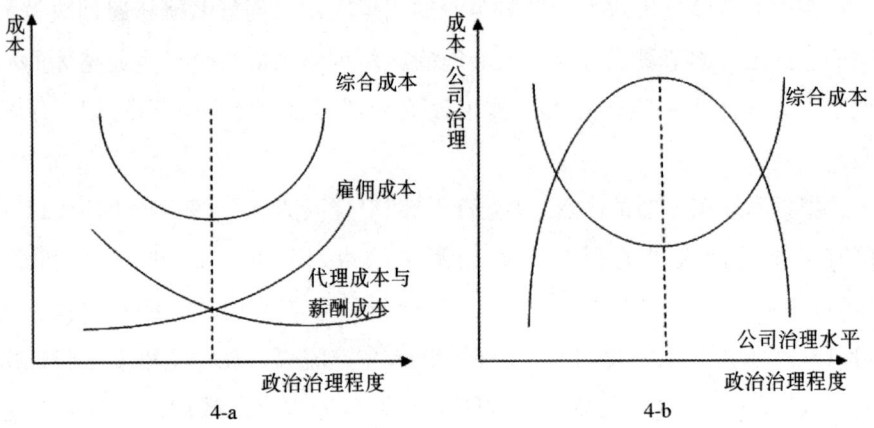

图 4.2　政治治理程度与综合成本、公司治理水平关系

　　代理问题会影响公司治理有效性的发挥。代理成本是公司治理要解决的基本问题，良好的公司治理结构能够对权力进行分权和制约，利用制度安排降低代理成本（钱颖一，1995；Fama and Jensen，1983），因此，某种程度上，代理成本的高低直接反映了公司治理的有效性，内部人代理冲突越严重的企业，越难以形成决策科学和相互制衡的公司治理结构。

以上分析表明，代理冲突不利于公司治理效应的发挥，当政治治理程度处在最优的水平上时，可以平衡两种成本，使得综合成本最低，而此时相对应的公司治理水平应该是最高的，如图 4-b 所示，政治治理程度与公司治理水平的变化应该与综合成本的变化相反，即呈倒"U"形曲线关系。

由此，提出本书的研究假设四：政治治理的程度与公司治理水平之间存在倒 U 形关系。

# 第五章
# 政治治理与代理成本、高管薪酬的实证检验

本章是实证研究的第一步,分析我国国有上市公司中政治治理对代理成本、高管薪酬水平的影响。本章对我国国有上市公司中政治治理对代理成本、高管薪酬的关系做一个总体概述,指出我国内部人控制现象以及代理问题不同于其他国家的特别之处,呼应第四章第一节提出的假设,然后实证检验假设的正确性,并与国外学者的相关研究进行比较,以揭示我国特殊制度背景下内部人控制现象以及政治治理的特殊性。

## 第一节 理论分析与研究假设

我国国有企业在放权让利的改革过程中获得了更多的经营和分配自主权,生产效率和企业绩效得到了较大的提高,但伴随着企业经营者实际权力的增加,其机会主义行为也随之增加,降低了国有资产效率甚至带来国有资产的流失。学者们将这种现象作为"内部人控制"问题进行了深入的分析和研究,并对如何有效抑制"内部人控制"问题提出了不同的看法和观点。学者们普遍认为内部人控制是不利于企业和经济的健康发展的(青木昌彦,1994;张春霖,1995)。如吴有昌(1995)认为内部人控制问题存在的最根本原因是内部人与出资者利益的不一致,内部人追求自身利益最大化,而不是出资者利益最大化,最终导致资源配置效率低下,并认为这种扭曲其实是一种代理成本。

此外,作为我国经济体制改革的中心环节,国有企业改革的重点内容之一就是在企业实现由计划经济体制向市场经济体制逐步转型的同时,建立起与企业外部环境相匹配的、有竞争力的、科学合理的高管人员薪酬激励体系(代彬等,2011)。经过了20多年的渐进式改革的探索,我国的工资分配制度和工资管理经历了数次变革和政策调整,工资分配政策已经由计划经济的直接指令性管理向市场机制主导转变(郭正模、李晓梅,2006),但仍然保留着行政手段的痕迹,我国经理人市场,尤其是国有企业的经理人市场仍在一定程度上受到管制(Grove et al., 1995;Qian, 1995;刘小玄,2001;陈冬华,2003;陈冬华等,2005)。这种管制包括聘用管制和薪酬管制,尤其是2009年"限薪令"的颁布,更是加剧了各界对经理人薪酬契约有效性的关注。

目前关于政治因素对国有企业薪酬成本影响的研究（曾庆生、陈信元，2006；沈永建、张天琴，2011）虽然提及政治因素或政治压力影响了薪酬契约的有效性，但主要关注于前两种来源的政治干预，忽略了企业内部政治治理这一重要途径。因此，我国这种特有的政治体制以及国有企业中的政治治理对企业究竟意味着什么，是一个值得研究的问题。

第四章第一节的理论分析表明，面对我国政府职能"缺位"导致的"内部人控制"问题，以及由此导致国有资产流失、国企效益低下以及社会不公平、腐败等不良的社会后果（张春霖，1995；钱颖一，1995；陈湘永等 2000）；再考虑到我国国有企业不同的制度背景、产权结构和市场环境使得国有企业内部人控制表现出的"行政干预下的经营者控制型"这一特征，解决内部人控制问题一定要结合我国转轨时期特殊的制度环境，即我国独特的政治制度以及党组织参与公司治理的特征。"党管干部"原则可以对经理人的行为产生制约，同时通过"双向进入、交叉任职"的领导体制参与到公司治理中来，又从源头上把握企业的发展方向，防止内部人控制问题的产生，进而降低代理成本。同时，由于"党管干部""党管人才"原则以及党和国家对国有企业高管实施的"限薪令"，国有企业的经理人更加关注政治前途而非薪酬，政治晋升的激励强于薪酬激励进而弱化薪酬水平。为了达到政治上的晋升，会更加积极地响应国家制定的高管薪酬管制相关政策，主动发挥表率作用，降低自身薪酬水平。

基于上述框架，本节拟检验第四章的假设一和假设二，即：

假设一：政治治理程度越高的公司，其代理成本越低。

假设二：政治治理程度越高的公司，其高管薪酬水平越低。

# 第二节 研究设计

## 一、样本选择与数据来源

本书查找了2008—2010年沪、深两市所有A股国有非金融类上市公司的年报,在年报中的"董事、监事、高级管理人员和员工情况"部分,查找董事、监事、高级管理人员的基本情况,在现任董事、监事、高级管理人员的主要工作经历及兼职情况中查找是否有董事、监事或高管同时还是公司党委委员的任职信息,由于公司董事、监事以及高管在党委会的任职情况并不是年报中强制披露的内容,致使笔者尽管逐家查找了3年的年报,仍只获得367家披露了相关信息的公司,其中,2008年115家,2009年128家,2010年124家,剔除在CCER数据库中财务数据、治理数据披露不全的公司23家,最后得到样本公司344家。

## 二、变量说明和模型设计

### (一)因变量

1. 代理成本的度量

本书借鉴Ang、Cole、Lin(2000)及曾庆生、陈信元(2006;2007)的做法,以管理费用与主营业务收入之比(简称管理费用率,MER)作为企业代理成本的替代变量。管理费用率越大,说明代理成本越高。

2. 高管薪酬的度量

本书借鉴现有文献（魏刚，2000；王克敏、王志超，2007；雷光勇等，2010）的做法，使用上市公司年报中披露的薪酬最高的前三位高管的薪酬的自然对数作为高管薪酬的代理变量，并用薪酬最高的前三位董事、监事及高管的薪酬的自然对数作为高管薪酬的替代变量进行了稳健性检验。

## （二）自变量

本章自变量为政治治理程度。Chang 和 Wong（2004）指出，直接衡量政治因素对企业决策制定以及公司绩效的影响非常困难，一般有两种方法。一是使用代理变量，如销售给政府客户的产品收入，政府的补贴，以及冗余雇员的水平（Earle et al.，1996；Li，2000；Xu et al.，2002）。二是问卷调查（Hellman and Schankerman，2000；Wong et al.，2004）。尽管代理变量可以使用客观数据，但也会在模型估计中带来噪音。而使用问卷调查来评估政治影响程度的信息只能从企业内部获得，除了数据不易获取外，被调查者也可能存在认知上的偏差，因此，谨慎对待并合理解读数据也是非常重要的。除此之外，这两种方法均不能准确区分政治影响的来源究竟是国有股东、政府部门还是企业内部的党委会，因此，本书不采用这两种方法，而是使用企业"双向进入、交叉任职"的客观情况来衡量政治治理对企业决策的影响程度。因为政治治理的主要途径和方式就是通过"双向进入、交叉任职"的领导体制，从组织上实现党委会成员与公司董事会、监事会以及管理层人员的交叉重合，其人员重合程度越高，党委会参与公司决策的程度就越大，越能对公司决策产生影响。相比较其他两种方法，这种方法能更加直接地衡量党委会政治治理对企业决策带来的影响，因此，本书用党委会成员在公司董事会、监事会和高级管理人员中的重合情况，即"双向进入"的程度来衡量其治理程度的大小，分别用党委会成员与董事会成员重合人数除以董事会规模（Par-dir）、党委会成员与监事会成员重合人数除以监事会规模（Par-sup）、党委会成员与管理层重合人数除以管理层规模（Par-man）以及党委会与董事会、监事会、管理层人员重合的总人数除以董事会、监事会、管理层总人数（Party）四个指标进行衡量。

### （三）控制变量

首先控制已有的政治关联变量，用以区分党组织这一政治主体区别于其他形式对企业的影响，参考 Boubakri et al.（2008），Fan et al.（2007），Li et al.（2008），贾明、张喆（2010），杜兴强等（2011）的做法，如果公司的董事长或总经理是前任政府官员、人大代表或政协委员，则认为具有政治关联（PC）。在稳健性检验中，借鉴 Boubakri et al.（2008），罗党论、黄琼宇（2008）、贾明、张喆（2010），Fan et al.（2007）的做法，用政治关联董事占全部董事的比例（RPC）和政治关联级别（PCJB，根据与公司董事长或总经理建立政治关联的政府机构的行政级别是否为中央、省级、市级或者县级四类而设定政治关联级别分别为 4、3、2、1；如果没有政治关联，那么则为 0）作为政治关联的替代变量进行检验。

此外，参考曾庆生、陈信元（2006），李增泉等（2004），曾庆生（2007），修宗峰、杜兴强（2011），方军雄（2009、2001）等的做法，选取公司规模（Size）、总资产收益率（Roa）、总资产增长率（Growth）、资产负债率（Lev）、自由现金流率（F）、股权集中度（Herfin5）、第一大股东持股比例（Top1）、会计师事务所规模（Auditor）等变量作为控制变量。在薪酬契约模型中，参考 Li 等（2008），控制了董事长的政治身份（Partymem），参考辛清泉等（2007a）的做法，设置了东部沿海地区虚拟变量（Zone1）和中部地区虚拟变量（Zone2）控制地区。① 另外，本书还设置了年度虚拟变量（Year）控制年份，行业虚拟变量（Ind）控制行业影响因素，详见表5.1。

表5.1　　　　变量名称、变量含义及计算方法与数据来源

| 变量类型 | 变量 | 代码 | 变量含义及计算方法 | 数据来源 |
|---|---|---|---|---|
| 因变量 | 管理费用率 | MER | 管理费用/主营业务收入 | 1 |
| | 高管薪酬 | Lnpay | 薪酬最高的前三位高管薪酬的自然对数 | 1 |
| | 超额薪酬 | Overpay | 当高管的实际薪酬与由经济因素决定的预期正常薪酬的差额大于0时，Overpay为1，否则为0 | 1 |
| | 薪酬差距 | Paygap | 高管与员工间的薪酬差距；高管平均薪酬/员工平均薪酬 | 1 |
| 自变量 | 政治治理程度指标 | Par-dir | 党委会和董事会重合人数/董事会规模 | 2 |
| | | Par-sup | 党委会和监事会重合人数/监事会规模 | 2 |
| | | Par-man | 党委会和高管层重合人数/高管层规模 | 2 |
| | | party | 党委会和董事会、监事会、高管层重合总人数/董事会、监事会以及高管总人数 | 2 |
| 控制变量 | 政治关联 | PC | 如果公司的董事长或总经理是前任政府官员、人大代表或政协委员，则认为具有政治关联，赋值为1，否则为0 | 2 |
| | 公司规模 | Size | 公司年末总资产的自然对数 | 1 |
| | 盈利能力 | Roa | 总资产收益率＝年末净利润/资产平均值 | 1 |
| | 成长能力 | Growth | 总资产增长率＝（年末总资产－年初总资产）/年初总资产 | 1 |

---

① 关于地区的具体划分标准，参见辛清泉等（2007a），即沿海地区包括北京、天津、河北、辽宁、上海、江苏、浙江、福建、山东、广东、广西、海南12个省市；中部地区包括山西、内蒙古、吉林、黑龙江、安徽、江西、河南、湖北、湖南、重庆10个省市；西部地区包括四川、贵州、云南、西藏、陕西、甘肃、青海、宁夏、新疆9个省市。

续表

| 变量类型 | 变量 | 代码 | 变量含义及计算方法 | 数据来源 |
|---|---|---|---|---|
| 控制变量 | 财务杠杆 | Lev | 资产负债率＝负债/资产平均值 | 1 |
| | 现金流量 | F | 自由现金流率；经营活动现金流量/资产平均值 | 1 |
| | 股权结构 | Herfin5 | 股权集中度；公司前五大股东持股比例的平方和 | 1 |
| | | Top1 | 第一大股东持股比例 | 1 |
| | 审计 | Auditor | 会计师事务所规模，若会计师事务所为国际"四大"，则取值为1，否则为0 | 1 |
| | 公司治理 | Outratio | 董事会独立性，独立董事占全部董事的比重 | 1 |
| | | Mhold | 管理层持股比例，高管团队持股数量占总股本的比例 | 1 |
| | 党员身份 | Partymem | 董事长党员身份虚拟变量。若董事长为党员，赋值为1，否则为0 | 2 |
| | 终极控制人级别 | Grade | 终极控制人为中央级别赋值为4，省级为3，市级为2，县及以下为1 | 2 |
| | 上市时间 | Lnage | 公司上市年数的自然对数 | 1 |
| | 东部沿海地区虚拟变量 | Zone1 | 若公司位于东部沿海地区，该值取1，否则为0 | 1 |
| | 中部地区虚拟变量 | Zone2 | 若公司位于中部地区，该值取1，否则为0 | 1 |
| | 所属年份 | Year | 年度虚拟变量 | 1 |
| | 所属行业 | Industry | 行业虚拟变量 | 1 |

资料来源：（1）CCER数据库；（2）年报、公司网站。

## （四）模型设计

1. 代理成本模型

为了检验假设1，本书借鉴相关文献（Ang，Cole，Lin，2000；曾庆生，陈信元，2006；曾庆生，2007）的做法，采用模型5.1来检验政治治理对代理成本的影响。

$$MER = \beta_0 + \beta_1 DWH + \beta_2 Size + \beta_3 Roa + \beta_4 Growth + \beta_5 Lev + \beta_6 F + \beta_7 Herfin5 + \beta_8 Top1 + \beta_9 Auditor + \beta_{10} Lnpay + \beta_{11} PC + Industry + Year + \varepsilon_i \quad (5.1)$$

模型 5.1 中被解释变量为代理成本（MER），主要考察的解释变量（DWH）为政治治理程度变量（分别为 Par – dir、Par – sup、Par – man 和 Party），由于政治治理降低内部人控制带来的代理成本主要是通过"双向进入、交叉任职"的领导体制实现的，因此，本书根据党委会成员在公司董事会、监事会和高级管理人员中的重合情况考察其对代理成本 MER 的影响。

2. 高管薪酬模型

为了检验假设 2，本书借鉴相关文献（Firth et al., 2006；辛清泉、谭伟强，2009；Core et al., 2008）的做法，用模型 5.2 考察政治治理对高管薪酬水平的影响：

$$Lnpay = \beta_0 + \beta_1 DWH + \beta_2 Top1 + \beta_3 H5 + \beta_4 Grade + \beta_5 PC + \beta_6 Outratio + \beta_7 Mhold + \beta_8 Partymem + \beta_9 Size + \beta_{10} Growth + \beta_{11} Lev + \beta_{12} Roa + \beta_{13} Lnage + \beta_{14} Zone1 + \beta_{15} Zone2 + Industry + Year + \varepsilon_i \quad (5.2)$$

为了更加全面的检验假设 2，本书还检验了政治治理对高管的超额薪酬水平的影响。超额薪酬用高管的实际薪酬与由经济因素决定的预期正常薪酬之间的差额表示。首先，本书使用模型 5.3 来估计企业预期正常的高管薪酬水平：

$$Lnpay = \beta_0 + \beta_1 Roa + \beta_2 Size + \beta_3 Growth + \beta_4 Lev + \beta_5 Zone1 + \beta_6 Zone2 + Industry + Year + \varepsilon_i \quad (5.3)$$

辛清泉等（2007a）、代彬等（2011）认为民营企业的高管薪酬契约相对于国有企业可能更为市场化，因此，使用民营上市公司为样本对模型（3）进行回归并得到各个回归系数，再用得到的系数乘以相应的决定高管薪酬的各因素得到各个公司各年预期的高管正常薪酬水平。最后，用各个公司各年的实际高管薪酬水平减去预期的高管薪酬水平得到非预期的高管薪酬水平，当非预期高管薪酬水平大于 0 时表示高管的超额薪酬。本书也借鉴这一做法来计算高管超额薪酬，用 Overpay 来表示。

在此基础上，本书用以下模型考察政治治理对超额薪酬的影响，采用 Logit 模型进行回归：

$$\text{Logit}(\text{Overpay}) = \beta_0 + \beta_1 \text{DWH} + \beta_2 \text{Top1} + \beta_3 \text{H5} + \beta_4 \text{Grade} + \beta_5 \text{PC} + \beta_6 \text{Outratio} + \beta_7 \text{Mhold} + \beta_8 \text{Partymem} + \beta_9 \text{Size} + \beta_{10} \text{Growth} + \beta_{11} \text{Lev} + \beta_{12} \text{Roa} + \beta_{13} \text{Lnage} + \beta_{14} \text{Zone1} + \beta_{15} \text{Zone2} + \text{Industry} + \text{Year} + \varepsilon_i \quad (5.4)$$

除了上述高管实际薪酬和超额薪酬外，本书还检验了政治治理对高管与普通员工薪酬差距的影响。借鉴代彬等（2011）的方法，用高管平均薪酬除以员工平均薪酬来衡量高管与普通员工之间的薪酬差距，用 Paygap 表示。其中：

高管平均薪酬 = 薪酬最高的前三位高管薪酬合计/3

员工平均薪酬 =（支付给职工以及为职工支付的现金 − 董事、监事以及高管年度报酬总额）/已扣减掉高管人数的上市公司员工总数

在此基础上，本书用模型 5.5 考察政治治理对薪酬差距的影响：

$$\text{Paygap} = \beta_0 + \beta_1 \text{DWH} + \beta_2 \text{Top1} + \beta_3 \text{H5} + \beta_4 \text{Grade} + \beta_5 \text{PC} + \beta_6 \text{Outratio} + \beta_7 \text{Mhold} + \beta_8 \text{Partymem} + \beta_9 \text{Size} + \beta_{10} \text{Growth} + \beta_{11} \text{Lev} + \beta_{12} \text{Roa} + \beta_{13} \text{Lnage} + \beta_{14} \text{Zone1} + \beta_{15} \text{Zone2} + \text{Industry} + \text{Year} + \varepsilon_i \quad (5.5)$$

# 第三节 实证分析

## 一、描述性统计

表 5.2 显示了各公司主要变量的描述性统计结果。总体来看，管理费

用率均值为 0.086，标准差约为 0.0605，样本间管理费用率差别不大，最大值和最小值分别为 0.39 和 0.00347。在 5 个考察变量中，党委会与董事会重合程度平均约为 18.75%，最大约为 62.5%；与监事会重合程度均值约为 13.71%，且最大值为 1，即完全重合；与管理层重合程度均值约为 15.36%，最大值也为 1，说明"双向进入"更多的是党委会与董事会、管理层之间的人员重合。

表 5.2　　　　　　　　　　描述性统计

| 变量 | 样本数 | 均值 | 中值 | 标准差 | 最小值 | 最大值 |
| --- | --- | --- | --- | --- | --- | --- |
| MER | 344 | 0.086 | 0.071 | 0.0604885 | 0.003470 | 0.390000 |
| Lnpay | 344 | 13.739 | 13.839 | 1.1830000 | 0.000000 | 16.231000 |
| Overpay | 344 | 0.610 | 1.000 | 0.4880000 | 0.000000 | 1.000000 |
| Paygap | 344 | 6.719 | 4.686 | 7.2190000 | 0.000000 | 78.593000 |
| Par－dir | 344 | 0.188 | 0.160 | 0.112784 | 0.000000 | 0.625000 |
| Par－sup | 344 | 0.137 | 0.143 | 0.1448706 | 0.000000 | 1.000000 |
| Par－man | 344 | 0.154 | 0.111 | 0.1608549 | 0.000000 | 1.000000 |
| Party | 344 | 0.193 | 0.167 | 0.1070000 | 0.059000 | 0.733000 |
| Size | 344 | 22.087 | 21.928 | 1.0804600 | 19.830900 | 26.156300 |
| Roa | 344 | 0.040 | 0.035 | 0.0534453 | －0.202700 | 0.314800 |
| Growth | 344 | 0.159 | 0.106 | 0.3172914 | －0.596200 | 3.142700 |
| Lev | 344 | 0.518 | 0.542 | 0.1756811 | 0.078100 | 0.969500 |
| F | 344 | 0.066 | 0.061 | 0.0824756 | －0.291000 | 0.337000 |
| Herfin5 | 344 | 0.168 | 0.128 | 0.1244398 | 0.001347 | 0.625809 |
| Top1 | 344 | 0.367 | 0.333 | 0.1537612 | 0.035499 | 0.789426 |
| Auditor | 344 | 0.067 | 0.000 | 0.2504833 | 0.000000 | 1.000000 |
| PC | 344 | 0.356 | 0.000 | 0.4800000 | 0.000000 | 1.000000 |
| Outratio | 344 | 0.369 | 0.333 | 0.0580000 | 0.250000 | 0.667000 |
| Mhold | 344 | 0.001 | 0.000 | 0.0040000 | 0.000000 | 0.044000 |
| Partymem | 344 | 0.910 | 1.000 | 0.2870000 | 0.000000 | 1.000000 |
| Grade | 344 | 2.491 | 3.000 | 0.5450000 | 1.000000 | 3.000000 |
| Lnage | 344 | 2.471 | 2.565 | 0.3120000 | 1.386000 | 2.890000 |

表5.3显示了将主要变量按照年度进行统计的结果，不同年份的管理费用率水平差别不大，呈逐年下降趋势，2010年最低，为0.083。不同年度的超额雇员公司比重差异较大，但整体水平逐年提高；绝对薪酬先降后升，超额薪酬先升后降，薪酬差距逐年降低。4个考察变量中，党委会与董事会、监事会重合程度先升后降，与管理层重合程度先降后升，但总的"双向进入"程度Party 3年内逐年提高，呈上升趋势。

表5.3 主要变量分年度描述性统计

| N | 2008年 | | | 2009年 | | | 2010年 | | |
|---|---|---|---|---|---|---|---|---|---|
| | 103 | | | 128 | | | 113 | | |
| 变量 | 均值 | 中值 | 标准差 | 均值 | 中值 | 标准差 | 均值 | 中值 | 标准差 |
| MER | 0.087 | 0.072 | 0.065 | 0.086 | 0.075 | 0.056 | 0.083 | 0.066 | 0.062 |
| Lnpay | 13.775 | 13.759 | 0.703 | 13.675 | 13.813 | 1.393 | 13.779 | 13.963 | 1.277 |
| Overpay | 0.592 | 1.000 | 0.494 | 0.648 | 1.000 | 0.479 | 0.584 | 1.000 | 0.495 |
| Paygap | 7.573 | 4.420 | 9.608 | 6.529 | 4.618 | 6.106 | 6.156 | 4.954 | 5.675 |
| Par-dir | 0.180 | 0.143 | 0.111 | 0.192 | 0.167 | 0.112 | 0.189 | 0.167 | 0.116 |
| Par-sup | 0.125 | 0.111 | 0.137 | 0.143 | 0.143 | 0.156 | 0.141 | 0.167 | 0.140 |
| Par-man | 0.154 | 0.125 | 0.154 | 0.146 | 0.111 | 0.154 | 0.161 | 0.111 | 0.175 |
| Party | 0.188 | 0.167 | 0.100 | 0.192 | 0.167 | 0.104 | 0.199 | 0.167 | 0.116 |

表5.4还给出了政治治理程度与主要变量之间关系的单变量检验结果。可以发现，用Party度量政治治理程度，高水平组相比低水平组，其代理成本、高管薪酬均值更低，获得的超额薪酬更小，与普通员工的薪酬差距也更不明显，上述T检验结果除了代理成本、超额薪酬外至少在10%的水平上显著，但代理成本、薪酬相关指标的中位数检验结果并不显著。此外，高管薪酬的均值和中位数在高水平组和低水平组中的结果并不一致，为此本书对初始样本和数据进行了复查和检验，发现其不一致可能是由于样本

数值的分布造成的，高水平组的样本差异远大于低水平组。① 总资产报酬率表征的公司业绩在高水平组和低水平组并没有显著差异。单变量检验结果部分印证了本章的假设 1 与假设 2：政治治理程度越高，其代理成本越小，高管薪酬水平越低，但影响程度如何有待进一步的回归分析。

表 5.4　　　　　　单变量检验结果（根据 Party 分组检验）

| 变量 | | 高水平组 | | | 低水平与组 | | | T－test | Wilcoxon test |
|---|---|---|---|---|---|---|---|---|---|
| | | N | 均值 | 中位数 | N | 均值 | 中位数 | T 值 | Z 值 |
| 代理成本 | MER | 128 | 0.081 | 0.071 | 216 | 0.088 | 0.071 | 1.147 | 0.629 |
| 高管薪酬 | Lnpay | 128 | 13.582 | 13.850 | 216 | 13.832 | 13.836 | 1.901* | 0.643 |
| 超额薪酬 | Overpay | 128 | 0.570 | 1.000 | 216 | 0.634 | 1.000 | 1.175 | 1.174 |
| 薪酬差距 | Paygap | 128 | 5.664 | 4.247 | 216 | 7.345 | 4.925 | 2.098** | 1.581 |
| 公司绩效 | Roa | 128 | 0.036 | 0.033 | 216 | 0.042 | 0.036 | 1.002 | 1.235 |

注：将 Party 值大于中位数的样本认定为高参与组，否则认定为低参与组，对两组公司各变量的均值和中位数分别进行 T 检验和 Wilcoxon 秩和检验，***、**、* 分别表示检验在 1%、5% 和 10% 的水平上显著。

## 二、回归结果分析

在这一部分，首先报告政治治理与代理成本之间的回归结果，然后进一步报告政治治理对高管薪酬契约的影响结果，最后是稳健性检验。

---

① 本书将高管薪酬变量按照高参与组和低参与组进行了详细的统计，发现高参与组虽然只有 128 个样本，但其标准差为 1.715，远远大于低参与组 216 个样本的 0.688 的标准差，且高参与组中高管薪酬的最小值、1/4 分位数、3/4 分位数以及最大值均低于低参与组，只有中位数高于低参与组，说明在高参与组中，样本差异较大，且差异主要集中在中位数附近，即从 1/4 分位数到 3/4 分位数之间，这种分布情况导致了虽然高参与组整体的高管薪酬水平低于低参与组，但中位数却高于低参与组的现象。

## (一) 政治治理对代理成本的影响分析

首先以管理费用率（MER）作为被解释变量进行回归，检验政治治理程度对代理成本的影响，结果见表 5.5，模型（1）至（5）分别对党委会与董事会、监事会、管理层重合人数以及重合总人数进行回归。结果显示，党委会与董事会的重合程度与管理费用率在 10% 的水平上显著正相关，即党委会与董事会的重合会增加代理成本，这与本书的假设不同，这可能是由于：董事会和党委会追求的目标存在不一致的地方，党委作为政治核心，承担着一定的社会责任或政治责任，这和企业追求的经济效率的目标有时会产生矛盾。董事会是法定的公司决策机构，其主要职能是决策，而非监督，当党委成员与董事会成员重合时，相当于监督者与决策者合二为一，基于不相容职务分离原则，监督者同时又为决策者时，监督职能将会大打折扣，无法抑制内部人控制问题的产生。

党委会与监事会以及管理层的重合情况与 MER 负相关，在显著性上，与监事会的重合程度在 5% 的水平上显著，与管理层的重合程度在 10% 的水平上显著。我们在模型（4）中将三个考察变量同时加入进行回归，结果与前面基本一致，且党委会与董事会、管理层的重合情况显著性水平增强，但在模型（5）中总的重合情况与 MER 负相关但不显著。总的来说，党委会与董事会的"双向进入"并不能降低代理成本；而由于监事会是公司法定的监督部门，其职能是对公司董事会以及管理层成员进行监督，党委会与监事会成员的"双向进入"将行政监督融入其中，加大了监督的力度和效果，显著抑制代理成本的产生；而党委会与管理层人员的"双向进入"更使得党委在监督和制衡经营者、把握企业发展方向上发挥作用，有效控制内部人行为，因此，党委会与监事会、管理层的"双向进入"可以显著降低代理成本。控制变量方面，公司规模、总资产收益率、资产负债率、股权制衡度与 MER 显著负相关，即公司规模越大，总资产收益率越高,资产负债率越大,股权制衡度越高,公司的代理成本越低,公司债务可以使得债权人发挥监督作用,在一定程度上制约内部人行为,降低代理成本。第一大股东持股比例与代理成本显著正相关。

表 5.5    政治治理程度与代理成本回归结果

|  | 模型(1) | 模型(2) | 模型(3) | 模型(4) | 模型(5) |
| --- | --- | --- | --- | --- | --- |
|  | MER | MER | MER | MER | MER |
| Par-dir | 0.0472* |  |  | 0.0722** |  |
|  | (1.67) |  |  | (2.27) |  |
| Par-sup |  | -0.0535** |  | -0.0417* |  |
|  |  | (-2.36) |  | (-1.89) |  |
| Par-man |  |  | -0.0397* | -0.0640*** |  |
|  |  |  | (-1.85) | (-2.92) |  |
| Party |  |  |  |  | -0.0462 |
|  |  |  |  |  | (-1.41) |
| PC | 0.00656 | 0.00570 | 0.00748 | 0.00486 | 0.00747 |
|  | (0.77) | (0.68) | (0.88) | (0.59) | (0.88) |
| Size | -0.0172*** | -0.0175*** | -0.0156*** | -0.0156*** | -0.0161*** |
|  | (-3.66) | (-3.79) | (-3.27) | (-3.39) | (-3.38) |
| Roa | -0.241** | -0.247** | -0.236** | -0.253** | -0.236** |
|  | (-2.20) | (-2.27) | (-2.20) | (-2.38) | (-2.19) |
| Growth | 0.000172 | -0.000111 | -0.000165 | 0.000827 | -0.000572 |
|  | (0.02) | (-0.01) | (-0.01) | (0.07) | (-0.05) |
| Lev | -0.0885*** | -0.0895*** | -0.0853*** | -0.0972*** | -0.0838*** |
|  | (-3.29) | (-3.32) | (-3.12) | (-3.64) | (-3.10) |
| F | 0.0162 | 0.0125 | 0.00694 | 0.0163 | 0.00653 |
|  | (0.24) | (0.19) | (0.11) | (0.25) | (0.10) |
| Herfin5 | -0.118 | -0.167** | -0.181** | -0.153* | -0.187** |
|  | (-1.39) | (-1.99) | (-2.13) | (-1.82) | (-2.18) |

续表

|  | 模型（1） | 模型（2） | 模型（3） | 模型（4） | 模型（5） |
| --- | --- | --- | --- | --- | --- |
|  | MER | MER | MER | MER | MER |
| Top1 | 0.0809 | 0.126* | 0.137** | 0.121* | 0.140** |
|  | (1.19) | (1.91) | (2.03) | (1.79) | (2.05) |
| Auditor | 0.00455 | 0.00610 | 0.00165 | -0.000727 | 0.00361 |
|  | (0.37) | (0.49) | (0.13) | (-0.06) | (0.29) |
| Lnpay | -0.000285 | -0.000615 | -0.00211 | -0.00101 | -0.00208 |
|  | (-0.08) | (-0.17) | (-0.53) | (-0.23) | (-0.54) |
| Industry | control | control | control | control | control |
| Year | control | control | control | control | control |
| 常数项 | 0.478*** | 0.494*** | 0.462*** | 0.451*** | 0.476*** |
|  | (5.42) | (5.60) | (5.20) | (5.17) | (5.39) |
| N | 344 | 344 | 344 | 344 | 344 |
| F | 13.11*** | 11.78*** | 12.42*** | 15.46*** | 10.61*** |
| $R^2$ | 0.3096 | 0.3173 | 0.3128 | 0.3382 | 0.3090 |

注：括号内为t值，*、**和***分别表示在10%、5%和1%的显著性水平下显著。

## （二）政治治理对高管薪酬的影响分析

表5.6列示了对假设2的回归结果。其中，模型（1）—（4）用薪酬最高的前三位高管薪酬的自然对数（Lnpay）表示高管薪酬进行回归，从回归结果可以看出，除了模型（1）党委会与董事会人员重合程度与高管薪酬负相关但不显著外，党委会与监事会、管理层以及总的重合人数均与高管薪酬负相关且显著，表明党委会与公司董事会、监事会以及管理层的"双向进入"有效降低了高管的绝对薪酬水平，党委会对高管薪酬的降低发挥了作用，一定程度上支持了本书的假设2。就其他控制变量的回归结果看，Roa与高管薪酬水平存在显著的正相关关系，说明伴随着我国国有企业的市场化改革，国有上市公司的薪酬激励机制已经逐步建立，开始较大程度上与公司的经营绩效挂钩。公司规模越大、负债水平越高以及地处

东部沿海地区和中部地区，高管的薪酬水平也越高。公司的成长性与高管薪酬显著负相关，这可能是由于成长性较高的公司普遍需要更多的资金作为支撑，在面临急需资金支撑公司高速增长的情况下，公司高管不便于占用更多的资金为自己支付薪酬。

代彬等（2011）认为，虽然高管薪酬水平能直观地反映薪酬契约的基本现状，但该指标是个绝对数量指标，仅以此来判定国企高管薪酬的高低可能会忽略影响高管薪酬的一些内生决定因素。吴联生等（2010）的研究证明，公司规模、销售净利率、销售增长率等公司特征、经营状况因素会显著影响高管薪酬水平，因此，本书借鉴代彬等（2011）以及方军雄（2009）的做法，除了检验政治治理对高管绝对薪酬水平的影响外，还检验了其对高管合理薪酬之外的超额薪酬的影响。如果假设 2 成立的话，政治治理应该不仅能够降低高管的绝对薪酬，也应该能够抑制高管的超额薪酬。因此，本章使用超额薪酬（Overpay）作为被解释变量，采用模型（4）进行 Logit 回归，回归结果见表 5.6。从模型（5）—（8）中可以看出，除了党委会与董事会的人员重合与超额薪酬负相关但不显著外，其他三个指标与超额薪酬的回归系数均显著为负，表明伴随着党委会与监事会、管理层人员的"双向进入"程度的增加，其高管获得的超额薪酬降低，进一步支持了假设 2。控制变量方面，公司规模与超额雇员表现出显著的负相关关系，这可能是由于存在规模经济，规模越大的上市公司其高管普遍获取超额薪酬的可能性越低。

另外，国有企业改革过程中，分配制度上的公平与效率问题一直是困扰国有企业深化改革的瓶颈，"效率优先，兼顾公平"的原则是根据我国社会主义市场经济的实际情况提出的，并且随着国有企业放权让利和薪酬激励制度改革的深化，高管薪酬越来越高，天价薪酬引发了社会强烈的反响，高管与普通员工之间的薪酬公平问题日益突出。为此，国家实施了一系列措施限制高管薪酬，缩小企业内部员工之间的薪酬差距，如 2009 年

"限薪令"的颁布。公司党委会作为党和国家在企业中的体现，会积极主动地响应国家的相关政策，发挥表率作用，降低自身薪酬，主动缩小与企业普通员工之间的薪酬差距（代彬等，2011）。如果假设2成立的话，公司政治治理应该在降低高管薪酬的同时，也会相应地缩小高管与普通员工之间的薪酬差距。因此，本书使用高管与普通员工之间的薪酬差距（Paygap）作为被解释变量，采用模型（5）进行回归，回归结果见表5.6。从模型（9）—（12）的回归结果可以看出，模型（10）的回归结果表明党委会与监事会的人员重合与薪酬差距表现出显著正相关，这与本书的假设不符，其他三个变量与薪酬差距均显著负相关，与假设一致。党委会与监事会成员之间的"双向进入"程度与薪酬差距显著正相关，这可能是由于党委会与监事会人员的重合，将经济监督与行政监督相结合，极大地增强了监督能力，他们除了监督高管的行为，降低高管薪酬外，更会对普通员工的薪酬水平产生影响，降低普通员工的薪酬，因此反而加大了高管与普通员工之间的薪酬差距。为了证明这一点，本书将党委会与监事会重合程度与普通员工薪酬进行了回归，回归结果表明党委会和监事会的"双向进入"程度会显著降低普通员工的薪酬，且降低程度大于对高管薪酬的降低程度，证明了本书的假设。控制变量方面，资产负债率以及所处地区不再显著，终极控制人级别与薪酬差距显著负相关，政治关联、独立董事比例与薪酬差距显著正相关。

### （三）稳健性检验

1. 样本选择偏差问题

由于本书的样本只有344家，存在较大的样本选择性偏差问题，容易产生样本选择的偏误。鉴于此，本书采用Heckman两阶段回归法（Heckman，1979），将样本选择的调整项引入回归方程之中，以减少和避免样本

表 5.6　政治治理程度与绝对薪酬、超额薪酬、薪酬差距回归结果

|  | Lnpay | | | | | Overpay | | | | Paygap | | |
|---|---|---|---|---|---|---|---|---|---|---|---|---|
|  | (1) | (2) | (3) | (4) | (5) | (6) | (7) | (8) | (9) | (10) | (11) | (12) |
| Par-dir | -0.442<br>(-0.57) | | | | -0.964<br>(-0.51) | | | | -9.453***<br>(-3.02) | | | |
| Par-sup | | -0.572*<br>(-1.96) | | | | -1.825*<br>(-1.75) | | | | 6.867***<br>(2.76) | | |
| Par-man | | | -0.501*<br>(-1.86) | | | | -2.654***<br>(-2.65) | | | | | |
| Party | | | | -1.043*<br>(-1.75) | | | | -5.099***<br>(-3.03) | | | -3.690*<br>(-1.84) | -6.925**<br>(-2.24) |
| Top1 | 0.711<br>(0.71) | 0.543<br>(0.50) | 0.835<br>(0.78) | 1.184<br>(1.11) | 5.424<br>(1.09) | -1.039<br>(-0.24) | 6.993<br>(1.36) | 8.144<br>(1.54) | 1.966<br>(0.17) | -6.288<br>(-0.57) | -1.435<br>(-0.13) | 0.568<br>(0.05) |
| H5 | -1.684<br>(-1.40) | -1.445<br>(-1.06) | -1.756<br>(-1.32) | -2.173*<br>(-1.68) | -13.34**<br>(-2.08) | -3.976<br>(-0.73) | -14.79**<br>(-2.23) | -16.42**<br>(-2.42) | -15.85<br>(-1.20) | -6.563<br>(-0.52) | -11.27<br>(-0.90) | -13.72<br>(-1.06) |
| Grade | 0.0297<br>(0.31) | 0.0507<br>(0.47) | 0.0384<br>(0.35) | 0.0275<br>(0.26) | -0.157<br>(-0.45) | -0.0259<br>(-0.08) | -0.116<br>(-0.33) | -0.203<br>(-0.62) | -1.968***<br>(-3.24) | -1.785***<br>(-2.83) | -1.722***<br>(-2.76) | -1.791***<br>(-2.89) |
| PC | 0.105<br>(0.96) | 0.0800<br>(0.69) | 0.0953<br>(0.82) | 0.0995<br>(0.86) | 0.942**<br>(2.11) | 1.094***<br>(2.89) | 0.948**<br>(2.09) | 0.972**<br>(2.20) | 1.645**<br>(2.06) | 1.614**<br>(2.01) | 1.435*<br>(1.79) | 1.463*<br>(1.82) |
| Outratio | -0.323<br>(-0.36) | -0.467<br>(-0.45) | -0.377<br>(-0.36) | -0.103<br>(-0.10) | -1.537<br>(-0.54) | -0.672<br>(-0.28) | -1.695<br>(-0.62) | -0.623<br>(-0.22) | 16.92**<br>(2.17) | 12.55<br>(1.64) | 13.96*<br>(1.79) | 15.69**<br>(1.98) |

续表

| | Lnpay | | | | Overpay | | | | Paygap | | | |
|---|---|---|---|---|---|---|---|---|---|---|---|---|
| | (1) | (2) | (3) | (4) | (5) | (6) | (7) | (8) | (9) | (10) | (11) | (12) |
| Mhold | 5.361 | 3.402 | 5.117 | 5.894 | 107.7** | 107.0** | 110.8** | 115.6** | -110.6 | -111.1 | -122.5 | -117.7 |
| | (0.75) | (0.45) | (0.75) | (0.85) | (2.44) | (2.12) | (2.31) | (2.35) | (-0.95) | (-0.97) | (-1.06) | (-1.02) |
| Partymem | -0.135 | -0.153 | -0.118 | -0.111 | -0.574 | -0.516 | -0.447 | -0.378 | 1.432 | 1.384 | 1.450 | 1.480 |
| | (-1.04) | (-1.24) | (-0.95) | (-0.86) | (-1.04) | (-1.04) | (-0.80) | (-0.67) | (1.43) | (1.43) | (1.45) | (1.48) |
| Size | 0.225*** | 0.221*** | 0.236*** | 0.233*** | -0.505** | -0.685*** | -0.498** | -0.536** | 1.022** | 1.089** | 1.111** | 1.088** |
| | (4.42) | (4.41) | (4.75) | (4.76) | (-2.47) | (-3.70) | (-2.39) | (-2.48) | (2.43) | (2.53) | (2.55) | (2.52) |
| Growth | -0.162*** | -0.178*** | -0.157*** | -0.161*** | -0.790** | -0.417 | -0.827** | -0.874** | -0.851** | -0.696** | -0.824** | -0.856** |
| | (-2.80) | (-3.08) | (-2.86) | (-2.96) | (-2.52) | (-1.56) | (-2.44) | (-2.39) | (-2.41) | (-1.98) | (-2.43) | (-2.50) |
| Lev | 0.945** | 0.894** | 0.887** | 0.905** | 2.681** | 1.967* | 2.793** | 2.990** | 3.301 | 2.977 | 2.471 | 2.616 |
| | (2.00) | (2.02) | (2.02) | (2.07) | (2.20) | (1.74) | (2.29) | (2.36) | (1.26) | (1.18) | (0.94) | (1.00) |
| Roa | 6.353*** | 6.443*** | 6.243*** | 6.158*** | 18.39*** | 17.89*** | 18.34*** | 18.78*** | 12.58* | 13.49* | 12.60* | 12.16 |
| | (4.82) | (4.67) | (4.55) | (4.61) | (2.97) | (3.99) | (2.87) | (2.83) | (1.73) | (1.90) | (1.70) | (1.63) |
| Lnage | -0.0496 | -0.0903 | -0.0723 | -0.0608 | -0.348 | -0.568 | -0.516 | -0.406 | 0.0752 | 0.0768 | -0.296 | -0.214 |
| | (-0.31) | (-0.55) | (-0.45) | (-0.38) | (-0.53) | (-1.02) | (-0.81) | (-0.62) | (0.07) | (0.07) | (-0.29) | (-0.21) |
| Zone1 | 0.725*** | 0.798*** | 0.672*** | 0.639*** | 1.932** | 2.289*** | 1.721* | 1.780** | 0.982 | 1.209 | 1.058 | 0.902 |
| | (5.31) | (6.37) | (4.97) | (4.43) | (2.37) | (3.43) | (1.90) | (1.97) | (0.89) | (1.23) | (1.01) | (0.82) |
| Zone2 | 0.260* | 0.331** | 0.229 | 0.174 | 1.953** | 1.680** | 1.834** | 1.767** | 1.703 | 2.411* | 2.128* | 1.823 |
| | (1.76) | (2.58) | (1.64) | (1.13) | (2.29) | (2.44) | (1.98) | (1.97) | (1.27) | (1.96) | (1.68) | (1.39) |

续表

|  | Lnpay | | | | Overpay | | | | Paygap | | | |
| --- | --- | --- | --- | --- | --- | --- | --- | --- | --- | --- | --- | --- |
|  | (1) | (2) | (3) | (4) | (5) | (6) | (7) | (8) | (9) | (10) | (11) | (12) |
| Industry | Contorl | Contorl | Contorl | Contorl | Contorl | Contorl | Contorl | Contorl | Contorl | Contorl | Contorl | Contorl |
| Year | Contorl | Contorl | Contorl | Contorl | Contorl | Contorl | Contorl | Contorl | Contorl | Contorl | Contorl | Contorl |
| 常数项 | 8.259*** | 8.300*** | 8.001*** | 8.236*** | 8.766* | 14.06*** | 8.470 | 8.992* | −22.81** | −24.12** | −23.89** | −23.58** |
|  | (9.19) | (9.70) | (9.46) | (9.41) | (1.98) | (3.39) | (1.92) | (1.96) | (−2.71) | (−2.81) | (−2.72) | (−2.72) |
| N | 344 | 344 | 344 | 344 | 330 | 332 | 330 | 330 | 344 | 344 | 344 | 344 |
| F/Chi2 | 9.34*** | 9.67*** | 9.39*** | 9.01*** | 102.04*** | 89.81*** | 102.33*** | 101.95*** | 6.11*** | 5.58*** | 5.62*** | 5.85*** |
| $R^2$/Pseudo $R^2$ | 0.2858 | 0.2891 | 0.2891 | 0.2914 | 0.3697 | 0.3187 | 0.3816 | 0.3865 | 0.3458 | 0.3465 | 0.3365 | 0.3385 |

注：(5) — (8) 为 logit 回归，括号内为 z 值，其他列括号内为 t 值，*、**、*** 分别代表 10%、5% 和 1% 的显著性水平。

的偏误问题。在 Heckman 模型第一阶段的估计中，运用 Probit 模型对国有上市公司样本进行估计。第一阶段的选择模型如下：

$$\text{Probit}(I_i) = \alpha_0 + \alpha_1 \text{Group}_i + \alpha_2 \text{Controltype}_i + \alpha_3 X + u_i \quad (5.6)$$

其中，$I_i$ 为样本公司 i 中党组织成员进入董事会、监事会或高管层的选择变量。若 $I_i=1$，表示党组织成员进入董事会、监事会或高管层；若 $I_i=0$ 表示党组织没有进入董事会、监事会和高管层。

依据 Wooldridge（2002）的经典教材中对 Heckman 模型中识别变量选择的研究，在 Heckman 模型第二阶段出现的任何一个变量，也应该是 Heckman 模型第一阶段中的一个解释变量（黄枫、甘犁，2010；黄俊、陈信元，2011）。因此，本书选择第二阶段出现的所有解释变量（用 X 表示）为第一阶段的识别变量。此外，还选择了母公司是否为集团公司（用 Group 表示，如果第一大股东为集团公司，则认为上市公司附属于企业集团，赋值为 1，否则为 0）以及最终控制人是国资委还是政府部门（用 Controltype 表示，最终控制人为政府取 1，为国资委取 0）两个变量作为外生性工具变量。

本书选取上述两个工具变量主要是基于以下考虑：

第一，Angrist and Krueger（2001）指出，工具变量的外生性只能通过经济理论和背景才能加以确认，因此首先从工具变量相关的经济理论和背景检验其外生性。企业集团作为上市公司的控股股东，是我国建立和发展企业集团与资本市场共同作用下的产物，大多是在国有企业改革的过程中发展起来的，其成立和发展更多是政府推动的结果，同其他国家主要由私有产权控制的企业集团具有显著区别（辛清泉等，2007b）。我国绝大部分企业集团在改制过程中形成"集团与股份并存"的二元主体结构，集团母公司对下属子公司的管理控制、战略以及组织架构调整等方面形成影响。股份公司的党组织部门的设置一般情况下也归集团公司管理，根据规定："大企业集团一般应设立党的基层委员会，股份制企业，其党组织的设置由控股方负责,并且根据企业党组织隶属关系的确定原则,一般以产权关系为纽带,实行谁投资谁管理的原则。"① 因此,上市公司的党组织,一般由其所属集团母公司的党组织领导和管理,更存在上市公司的党组织成员直接为其所属集团母公司的党委成员的情况,因此母公司是否为集团公司,直接决定了党组织的隶属关系,影响甚至决定该上市子公司党组织的设置和管理情况。

另外,本书还选取了最终控制人为国资委还是政府部门(Controltype)这一变量为工具变量,因为这直接影响了上市公司党组织领导体制是垂直管理还是属地管理。自从 2003 年国务院国有资产监督管理委员会成立以来,我国的国有资产管理机构采取"两极三层"的设置模式,同时,国资委还成立了党委,履行党中央规定的职责(杨瑞龙等,2013)。我国的国有企业主要由中央和地方各级国资委监管,但也有一些国有企业归相应的政府部门监管。同时,根据《企业国有资产监督管理暂行条例》第六条的规定:"企业国有资产较少的设区的市、自治州,经省、自治区、直辖市人民政府批准,可以不单独设立国有资产监督管理机构",这种情况一般也由地方政府部门监管。因此,上市公司的最终控制人是国资委还是政府部门,直接决定了其党组织领导关系的两种体制:归所属的国资委党委领导(垂直管理)与归地方政府党委领导(属地管理)。归国资委党委领导的垂直管理有助于形成国有资产监督管理部门管资产、管人、管事和管党建相结合的管理格局,使企业党组织关系与国有体制管人、管事、管资产相配套,使其下级部门摆脱地方政府的干预,加强部门监管的权威,保证"上传下达、政令通畅"(尹振东,2011);而归地方政府党委领导的属地管理形式更加灵活,地方政府可以采取灵活的方式掌握各种信息资源,执

---

① 《中共中央组织部关于在深化国有企业改革中党组织设置和领导关系等有关问题的通知》中对大企业集团设立党的基层委员会的规定。http://www.gmw.cn/01gmrb/1998-08/10/GB/17780%5eGM4-1004.HTM.

行地方政府指令，不能脱离同级政府的行政管理框架。党组织部门的垂直管理和属地管理这两种管理体制对企业党组织的建设和影响非常重要，其所属的领导部门直接决定了基层党组织的构成和作用发挥。

母公司是否为集团以及最终控制人为国资委还是政府部门均起源于我国国有企业改革中特有的制度安排，并路径依赖延续至今。这两种模式对于现在的公司治理状况具有很好的外生来源特征，根据 Acemoglu et al.（2001）以及 Glaeser et al.（2004）指出的对真实经济现象差异所蕴含的环境因素加以辨析是寻找工具变量的好方法，笔者认为这两个工具变量一定程度上反映了我国特有的环境因素和制度安排，作为具有外生来源性质的变量，母公司是否为集团以及最终控制人是否为国资委无疑将影响党组织的设置和构成以及作用发挥，但并不会必然影响公司当前的代理成本、雇员规模以及高管薪酬，因此是比较合适的工具变量。

第二，一般而言，工具变量的有效性取决于两个条件：一是工具变量必须和内生变量相关；二是工具变量必须和被解释变量无关（郭熙保、罗知，2008），因此，根据工具变量的基本性质，本书中工具变量应该与内生解释变量 DWH 直接相关，同时与代理成本、高管薪酬无直接相关关系。本书借鉴陈爽英等（2010）的做法，用 OLS 方法验证此基本性质，结果见表 5.7。根据表 5.7 的结果，工具变量 Group、Controltype 仅与它们对应的内生解释变量 Party 直接相关且显著，但各工具变量均与代理成本、薪酬契约变量不直接相关。以上计量分析的结果，表明了工具变量选取符合直观要求。

表 5.7　　　　　　　　工具变量选择的计量依据

| | 代理成本和薪酬契约的 OLS | | | | 政治治理程度的 OLS | | |
|---|---|---|---|---|---|---|---|
| | MER | Lnpay | Overpay | Paygap | Party | Party | Party |
| 自变量 Party | $-0.0527^*$ | $-0.985^*$ | $-5.109^{***}$ | $-8.328^{**}$ | — | — | — |
| | $(-1.78)$ | $(-1.71)$ | $(-2.74)$ | $(-2.49)$ | | | |

续表

| | 代理成本和薪酬契约的 OLS | | | | 政治治理程度的 OLS | | |
| --- | --- | --- | --- | --- | --- | --- | --- |
| | MER | Lnpay | Overpay | Paygap | Party | Party | Party |
| 工具变量 | | | | | | | |
| Group | -0.00831 | -0.125 | -0.647 | -1.942 | -0.0225* | | -0.0223* |
| | (-1.10) | (-1.32) | (-1.49) | (-1.55) | (-1.73) | | (-1.74) |
| Controltype | -0.0134 | 0.114 | -0.378 | 2.782 | | 0.0354* | 0.0352* |
| | (-1.25) | (0.69) | (-0.64) | (1.33) | | (1.86) | (1.84) |
| 控制变量 | | | | | | | |
| Top1 | 0.212** | 0.937 | 6.449 | 0.0800 | 0.698*** | 0.718*** | 0.706*** |
| | (2.42) | (0.91) | (1.20) | (0.01) | (4.94) | (5.07) | (5.04) |
| H5 | -0.278** | -1.804 | -13.96** | -11.42 | -0.743*** | -0.774*** | -0.750*** |
| | (-2.55) | (-1.49) | (-2.02) | (-0.84) | (-4.61) | (-4.79) | (-4.65) |
| Grade | -0.0130* | 0.0820 | 0.0776 | -0.845 | -0.00326 | -0.00992 | -0.00185 |
| | (-1.89) | (0.88) | (0.20) | (-1.16) | (-0.23) | (-0.69) | (-0.13) |
| PC | 0.00519 | 0.166* | 0.714* | 1.366* | 0.00372 | 0.0110 | 0.00652 |
| | (0.74) | (1.72) | (1.72) | (1.67) | (0.26) | (0.77) | (0.45) |
| Outratio | | 0.0963 | -1.330 | 13.60* | 0.379*** | 0.395*** | 0.370*** |
| | | (0.10) | (-0.40) | (1.93) | (3.11) | (3.18) | (3.00) |
| Mhold | | 9.268** | 108.4 | -142.5 | 1.115 | 1.339* | 1.074 |
| | | (2.18) | (1.30) | (-1.20) | (1.43) | (1.66) | (1.26) |
| Partymem | | -0.161 | -0.252 | 1.770* | 0.0386** | 0.0355** | 0.0376** |
| | | (-1.52) | (-0.44) | (1.69) | (2.20) | (2.05) | (2.14) |
| Size | -0.0090** | 0.208*** | -0.490** | 1.078** | 0.00458 | 0.00158 | 0.00415 |
| | (-2.29) | (4.67) | (-2.01) | (2.44) | (0.85) | (0.29) | (0.76) |
| Growth | -0.00670 | -0.151** | -0.344 | -1.019** | -0.00025 | -0.00023 | -0.00135 |
| | (-0.64) | (-2.57) | (-0.63) | (-2.27) | (-0.03) | (-0.03) | (-0.20) |
| Lev | -0.097*** | 0.799** | 2.399* | 2.154 | 0.00409 | 0.00642 | -0.00246 |
| | (-4.46) | (2.25) | (1.86) | (0.81) | (0.11) | (0.17) | (-0.06) |
| Roa | -0.282*** | 6.821*** | 16.52*** | 14.18* | -0.147* | -0.153* | -0.149* |
| | (-3.93) | (6.15) | (3.39) | (1.88) | (-1.68) | (-1.71) | (-1.69) |

续表

| | 代理成本和薪酬契约的 OLS | | | | 政治治理程度的 OLS | | |
| --- | --- | --- | --- | --- | --- | --- | --- |
| | MER | Lnpay | Overpay | Paygap | Party | Party | Party |
| Lnage | | −0.0310 | −0.434 | 0.158 | 0.00668 | 0.0102 | 0.0107 |
| | | (−0.20) | (−0.75) | (0.16) | (0.38) | (0.58) | (0.60) |
| Lnpay | −0.00346 | | | | | | |
| | (−0.86) | | | | | | |
| F | 0.0108 | | | | | | |
| | (0.26) | | | | | | |
| Auditor | 0.00337 | | | | | | |
| | (0.25) | | | | | | |
| Zone1 | | 0.642*** | 1.729** | 0.0464 | −0.117*** | −0.110*** | −0.118*** |
| | | (4.22) | (2.35) | (0.04) | (−3.26) | (−3.16) | (−3.32) |
| Zone2 | | 0.117 | 1.679** | 0.888 | −0.128*** | −0.127*** | −0.132*** |
| | | (0.70) | (2.26) | (0.72) | (−3.68) | (−3.73) | (−3.80) |
| Industry | Contorl | Contorl | Contorl | Contorl | Contorl | Contorl | Contorl |
| Year | Contorl | Contorl | Contorl | Contorl | Contorl | Contorl | Contorl |
| 常数项 | 0.377*** | 8.242*** | 9.129* | −22.62*** | −0.165 | −0.134 | −0.161 |
| | (4.41) | (7.89) | (1.82) | (−2.58) | (−1.25) | (−1.01) | (−1.22) |
| $N$ | 344 | 344 | 330 | 344 | 344 | 344 | 344 |
| $R^2$/Pseudo $R^2$ | 0.2767 | 0.2896 | 0.3789 | 0.3575 | 0.3143 | 0.3165 | 0.3216 |

注：第 2 列与第 4 列为 logit 回归，括号内为 z 值，其他列括号内为 t 值，*、**、*** 分别代表 10%、5% 和 1% 的显著性水平。

第三，借鉴陈爽英等（2010）的做法，本书还运用 Sargen Test 对两个工具变量的外生性进行检验。本书先将被解释变量——代理成本、高管薪酬与所有工具变量、控制变量进行回归后，将得到的残差分别对所有外生变量进行回归（包括所有的工具变量和控制变量）。结果显示，一方面，残差与所有变量不相关；另一方面，$R^2$ 分别为 0.0002 和 0.0018，通过计算得到 $nR^2$

的值分别为 0.07、0.62，小于对应的卡方统计量 $\chi^2_{(0.10)}(1) = 2.71$，这表明工具变量 Group、Controltype 都是外生的，回归结果见表 5.8。

表 5.8　　　　　　　　　　**Sargen Test 回归结果**

| | 高管薪酬模型 5.2 估计出的残差 | 代理成本模型 5.1 估计出的残差 |
|---|---|---|
| Top1 | −0.103 | 0.00154 |
| | (−0.05) | (0.02) |
| H5 | 0.174 | −0.00167 |
| | (0.06) | (−0.02) |
| Grade | 0.0417 | |
| | (0.23) | |
| PC | −0.0331 | 0.000134 |
| | (−0.18) | (0.02) |
| Outratio | −0.103 | |
| | (−0.07) | |
| Mhold | −1.294 | |
| | (−0.07) | |
| Partymem | 0.0175 | |
| | (0.06) | |
| Size | 0.0149 | 0.0000615 |
| | (0.18) | (0.02) |
| Growth | −0.0183 | 0.00000525 |
| | (−0.07) | (0.66) |
| Lev | −0.00531 | −0.000292 |
| | (−0.01) | (−0.01) |
| Roa | 0.145 | −0.00271 |
| | (0.08) | (−0.02) |
| Lnage | −0.0126 | |
| | (−0.05) | |
| Zone1 | −0.0363 | |
| | (−0.12) | |
| Zone2 | −0.0104 | |
| | (−0.03) | |

续表

| | 高管薪酬模型 5.2 估计出的残差 | 代理成本模型 5.1 估计出的残差 |
|---|---|---|
| F | | −0.0000115 |
| | | (−0.00) |
| Lnpay | | −0.0000509 |
| | | (−0.01) |
| Auditor | | −0.0000283 |
| | | (−0.00) |
| Industry | Contorl | Contorl |
| Year | Contorl | Contorl |
| Group | −0.125 | −0.0000982 |
| | (−0.60) | (−0.01) |
| Controltype | −0.122 | 0.0000110 |
| | (−0.44) | (0.00) |
| 常数项 | −0.162 | −0.000732 |
| | (−0.09) | (−0.01) |
| $N$ | 344 | 344 |
| $R^2$ | 0.0018 | 0.0002 |

注：第二列括号内为 z 值，第三列括号内为 t 值。

通过以上检验，本书所选取的两个工具变量：母公司是否为集团（Group）以及最终控制人是国资委还是政府部门（Controltype）是足够外生并较为合适的。

表 5.9 列示了用 Heckman 两阶段法计算的政治治理程度对代理成本的回归结果，其中（1）选择模型报告了 Heckman 模型第一阶段的计量结果。估计结果显示，母公司是集团公司会降低政治治理程度，最终控制人是政府的公司相对于最终控制人是国资委的公司，政治治理程度更低。第一阶段的选择模型的主要目的是求得 inverse Mills ratio（下文简写为 imr），将其加入原回归方程中，以检验样本选择的偏误。若 imr 系数是显著的，则证明选择性偏误是存在的；反之，则选择性偏误不存在。表 5.9 中（2）—（6）报告了 Hecmkan 第二阶段的回归结果。结果显示 imr 系数是显著的，

且党委会参与公司治理程度的四个指标的回归结果与前面的普通最小二乘法估计结果一致，结果具有较强的稳健性。

表 5.9　　　　　代理成本的 Heckman 模型计量结果

|  | (1) 选择模型 | (2) | (3) | (4) | (5) | (6) |
|---|---|---|---|---|---|---|
|  | (Probit 模型) | MER | MER | MER | MER | MER |
| Par-dir |  | 0.0483* |  |  | 0.0690** |  |
|  |  | (1.73) |  |  | (2.23) |  |
| Par-sup |  |  | -0.0547** |  | -0.0432* |  |
|  |  |  | (-2.36) |  | (-1.92) |  |
| Par-man |  |  |  | -0.0349 | -0.0583*** |  |
|  |  |  |  | (-1.65) | (-2.72) |  |
| Party |  |  |  |  |  | -0.0420 |
|  |  |  |  |  |  | (-1.30) |
| PC | 0.189** | -0.00696 | -0.00796 | -0.00517 | -0.00759 | -0.00561 |
|  | (2.17) | (-0.81) | (-0.93) | (-0.59) | (-0.88) | (-0.65) |
| Size | 0.181*** | -0.0249*** | -0.0253*** | -0.0230*** | -0.0229*** | -0.0236*** |
|  | (3.20) | (-4.83) | (-4.97) | (-4.33) | (-4.48) | (-4.46) |
| Roa | -0.0732*** | -0.226** | -0.232** | -0.221** | -0.239** | -0.221** |
|  | (-5.14) | (-2.08) | (-2.14) | (-2.07) | (-2.26) | (-2.06) |
| Growth | -0.0393*** | 0.00360 | 0.00334 | 0.00301 | 0.00393 | 0.00275 |
|  | (-11.23) | (0.32) | (0.29) | (0.24) | (0.34) | (0.22) |
| Lev | -0.512* | -0.0584** | -0.0591** | -0.0568** | -0.0689** | -0.0545* |
|  | (-1.78) | (-2.15) | (-2.16) | (-2.00) | (-2.52) | (-1.96) |
| F | 1.450*** | -0.0644 | -0.0689 | -0.0683 | -0.0582 | -0.0713 |
|  | (2.59) | (-0.97) | (-1.04) | (-1.05) | (-0.89) | (-1.10) |
| Herfin5 | -4.447*** | 0.132 | 0.0837 | 0.0549 | 0.0773 | 0.0568 |
|  | (-3.43) | (1.14) | (0.79) | (0.50) | (0.69) | (0.51) |
| Top1 | 3.272*** | -0.102 | -0.0576 | -0.0367 | -0.0492 | -0.0392 |
|  | (3.17) | (-1.11) | (-0.68) | (-0.42) | (-0.55) | (-0.44) |

续表

| | （1）选择模型 | （2） | （3） | （4） | （5） | （6） |
|---|---|---|---|---|---|---|
| Auditor | -0.223 | 0.0143 | 0.0159 | 0.0112 | 0.00881 | 0.0132 |
| | (-1.28) | (1.22) | (1.35) | (0.90) | (0.73) | (1.08) |
| Pay | 0.368*** | -0.0224*** | -0.0229*** | -0.0227*** | -0.0213*** | -0.0234*** |
| | (3.72) | (-3.08) | (-3.17) | (-3.05) | (-3.01) | (-3.16) |
| imr | | -0.0849*** | -0.0857*** | -0.0795*** | -0.0784*** | -0.0822*** |
| | | (-3.29) | (-3.37) | (-3.06) | (-3.16) | (-3.15) |
| Controltype | -0.402*** | | | | | |
| | (-3.28) | | | | | |
| Group | -0.197** | | | | | |
| | (-2.07) | | | | | |
| Industry | control | control | control | control | control | control |
| Year | control | control | control | control | control | control |
| 常数项 | -9.759*** | 1.075*** | 1.097*** | 1.024*** | 1.006*** | 1.054*** |
| | (-7.48) | (5.37) | (5.50) | (4.99) | (5.19) | (5.14) |
| N | 1483 | 344 | 344 | 344 | 344 | 344 |
| $R^2$ | 0.2693 | 0.3282 | 0.3363 | 0.3291 | 0.3540 | 0.3265 |
| F | 292.66*** | 27.38*** | 24.14*** | 24.50*** | 18.67*** | 20.04*** |

注：（1）括号内为 z 值，其他列括号内为 t 值，*、**、***分别代表 10%、5% 和 1% 的显著性水平。

同样，为了避免模型中的样本选择性问题，本书运用 Heckman 模型对政治治理程度对薪酬契约的影响做了进一步的估计。表 5.10 与表 5.11 分别报告了用 Heckman 模型第一阶段和第二阶段的回归结果，在 imr 显著的情况下，与前面普通最小二乘回归的结果一致，没有显著差异，说明政治治理程度越高，越能降低公司高管的薪酬水平，结果具有较好的稳健性。

表 5.10　薪酬契约的 Heckman 模型第一阶段计量结果

| | 选择方程 |
|---|---|
| Top1 | 2.594** |
| | (2.15) |
| H5 | -3.957*** |
| | (-2.60) |
| Grade | -0.0199 |
| | (-0.22) |
| Controltype | -0.310** |
| | (-2.24) |
| Group | -0.307*** |
| | (-2.92) |
| PC | 0.0270 |
| | (0.26) |
| Outratio | -0.673 |
| | (-0.80) |
| Mhold | -53.74*** |
| | (-5.63) |
| Partymem | 1.021*** |
| | (8.12) |
| Size | 0.312*** |
| | (5.69) |
| Growth2 | -0.0391*** |
| | (-8.57) |
| Lev | -0.853*** |
| | (-2.84) |
| Roa | -0.0694*** |
| | (-6.58) |
| Lnage | 0.330** |
| | (2.28) |
| Zone1 | -0.0697 |
| | (-0.44) |

续表

| | 选择方程 |
|---|---|
| Zone2 | 0.0159 |
| | (0.10) |
| Industry | control |
| Year | control |
| 常数项 | −8.398*** |
| | (−6.83) |
| N | 1483 |
| PseudoR$^2$ | 0.3657 |
| LR chi | 587.48*** |

注：括号内为 z 值，*、**、*** 分别代表 10%、5% 和 1% 的显著性水平。

2. 其他稳健性检验

除了以上用 Heckman 两阶段法解决样本选择性问题外，本书还从以下两个主要部分进行了稳健性检验。第一部分，替换变量。被解释变量中，用薪酬最高的前三位董事、监事以及高管的薪酬作为高管薪酬的度量指标代替高管薪酬指标；用高管与员工的绝对薪酬差距替代相对薪酬差距指标 Paygap，其中高管与员工的绝对薪酬差距为高管平均薪酬与员工平均薪酬差额的自然对数；同样，用总资产周转率（TAT）、费用率（包括管理费用率和营业费用率）作为代理成本的替代变量；控制变量中，用政治关联董事占全部董事的比例 RPC 以及政治关联级别 PCJB（根据与公司董事长或总经理建立政治关联的政府机构的行政级别是否为中央、省级、市级或者县级四类而设定政治关联级别，分别为 4、3、2、1；如果没有政治关联，则为 0）替代政治关联指标，用总经理是否为党员代替政治身份指标，以及增加样本公司所在省份的人均 GDP 的自然对数、樊纲指数代表的地区市场化水平控制变量，回归结果均无实质性差异。第二部分，政治治理程度与公司绩效可能存在内生性，因为政治治理程度会影响公司绩效，公司绩效也会影响政治治理程度。为了避免这种反向的因果关系，本书使用

表 5.11 薪酬契约的 Heckman 模型第二阶段计量结果

| | Lnpay | | | | Overpay | | | | Paygap | | | |
|---|---|---|---|---|---|---|---|---|---|---|---|---|
| | (1) | (2) | (3) | (4) | (5) | (6) | (7) | (8) | (9) | (10) | (11) | (12) |
| Par-dir | -0.494 | | | | -0.159 | | | | -10.17*** | | | |
| | (-0.67) | | | | (-0.09) | | | | (-3.15) | | | |
| Par-sup | | -0.480* | | | | -2.282** | | | | 8.052*** | | |
| | | (-1.77) | | | | (-2.18) | | | | (2.78) | | |
| Par-man | | | -0.461* | | | | -1.940** | | | | | |
| | | | (-1.75) | | | | (-2.11) | | | | | |
| Party | | | | -1.002* | | | | -3.742** | | | -3.800* | |
| | | | | (-1.76) | | | | (-2.41) | | | (-1.83) | |
| Top1 | -0.0364 | -0.262 | -0.0286 | 0.335 | -4.120 | -4.439 | -3.480 | -2.566 | -0.983 | -9.589 | -4.783 | -6.666** |
| | (-0.04) | (-0.28) | (-0.03) | (0.34) | (-0.88) | (-0.93) | (-0.73) | (-0.52) | (-0.12) | (-1.13) | (-0.59) | (-2.11) |
| H5 | -0.631 | -0.311 | -0.554 | -0.986 | 0.361 | 1.217 | 0.0465 | -1.166 | -9.858 | -0.523 | -4.756 | -3.032 |
| | (-0.59) | (-0.28) | (-0.49) | (-0.84) | (0.06) | (0.20) | (0.01) | (-0.18) | (-1.01) | (-0.05) | (-0.50) | (-0.36) |
| Grade | 0.0120 | 0.0323 | 0.0251 | 0.0139 | 0.0797 | 0.0970 | 0.117 | 0.0559 | -1.922*** | -1.732** | -1.656** | -1.724** |
| | (0.13) | (0.31) | (0.24) | (0.13) | (0.25) | (0.30) | (0.37) | (0.18) | (-2.81) | (-2.50) | (-2.43) | (-2.52) |
| PC | 0.168* | 0.135 | 0.161 | 0.162 | 0.947** | 0.859** | 0.937** | 0.937** | 1.252* | 1.374* | 1.054 | 1.057 |
| | (1.80) | (1.38) | (1.62) | (1.64) | (2.30) | (2.16) | (2.28) | (2.30) | (1.74) | (1.92) | (1.44) | (1.45) |
| Outratio | 0.0717 | -0.0878 | 0.00238 | 0.270 | -0.461 | 0.0166 | -0.258 | 0.647 | 21.89** | 17.28* | 18.84* | 20.45* |
| | (0.08) | (-0.09) | (0.00) | (0.27) | (-0.18) | (0.01) | (-0.10) | (0.24) | (2.02) | (1.70) | (1.79) | (1.90) |

续表

| | Lnpay | | | | Overpay | | | | Paygap | | | |
|---|---|---|---|---|---|---|---|---|---|---|---|---|
| | (1) | (2) | (3) | (4) | (5) | (6) | (7) | (8) | (9) | (10) | (11) | (12) |
| Mhold | 24.17*** | 24.21*** | 25.13*** | 26.03*** | 180.7*** | 197.8*** | 190.4*** | 196.5** | 127.9 | 106.2 | 125.8 | 131.6 |
| | (3.37) | (3.23) | (3.55) | (3.62) | (2.74) | (3.16) | (2.57) | (2.51) | (1.41) | (1.15) | (1.36) | (1.41) |
| Partymem | −0.392** | −0.412** | −0.403** | −0.404** | −1.777** | −1.954** | −1.837** | −1.815** | −1.833 | −1.536 | −1.897 | −1.916 |
| | (−2.33) | (−2.53) | (−2.45) | (−2.43) | (−2.25) | (−2.54) | (−2.32) | (−2.27) | (−1.18) | (−0.99) | (−1.25) | (−1.25) |
| Size | 0.160*** | 0.154*** | 0.163*** | 0.163*** | −0.895*** | −0.957*** | −0.923*** | −0.944*** | 0.466 | 0.572 | 0.532 | 0.510 |
| | (4.25) | (4.30) | (4.36) | (4.31) | (−4.01) | (−4.23) | (−3.98) | (−4.03) | (1.25) | (1.49) | (1.42) | (1.37) |
| Growth | −0.164*** | −0.178*** | −0.158*** | −0.162*** | −0.367 | −0.454 | −0.341 | −0.349 | −0.876** | −0.665* | −0.846** | −0.885** |
| | (−2.67) | (−2.89) | (−2.72) | (−2.82) | (−1.36) | (−1.61) | (−1.33) | (−1.34) | (−2.21) | (−1.69) | (−2.16) | (−2.24) |
| Lev | 0.885** | 0.879** | 0.832** | 0.851** | 2.638** | 2.787** | 2.742** | 2.867** | 5.577** | 4.676* | 4.717* | 4.918* |
| | (2.45) | (2.59) | (2.48) | (2.53) | (2.34) | (2.45) | (2.38) | (2.45) | (2.24) | (1.96) | (1.88) | (1.96) |
| Roa | 6.326*** | 6.535*** | 6.216*** | 6.155*** | 16.95*** | 17.84*** | 16.71*** | 16.96*** | 20.84*** | 20.30*** | 20.85*** | 20.71*** |
| | (5.59) | (5.48) | (5.25) | (5.36) | (3.95) | (3.84) | (3.79) | (3.72) | (2.64) | (2.68) | (2.65) | (2.60) |
| Lnage | −0.129 | −0.169 | −0.157 | −0.148 | −0.991 | −1.253** | −1.113* | −1.058* | −0.416 | −0.277 | −0.798 | −0.729 |
| | (−0.85) | (−1.09) | (−1.04) | (−0.98) | (−1.64) | (−2.02) | (−1.91) | (−1.79) | (−0.41) | (−0.28) | (−0.80) | (−0.72) |
| imr | −0.306* | −0.318** | −0.336** | −0.344** | −1.784** | −2.112** | −1.963** | −1.975** | −3.686** | −3.169* | −3.751** | −3.796** |
| | (−1.94) | (−2.10) | (−2.14) | (−2.19) | (−2.15) | (−2.54) | (−2.27) | (−2.26) | (−2.04) | (−1.78) | (−2.08) | (−2.08) |
| Zone1 | 0.703*** | 0.784*** | 0.658*** | 0.627*** | 1.962*** | 2.143*** | 1.803*** | 1.857** | 1.444 | 1.506 | 1.544 | 1.460 |
| | (5.20) | (6.36) | (4.87) | (4.36) | (3.02) | (3.28) | (2.54) | (2.57) | (1.15) | (1.37) | (1.34) | (1.19) |

续表

|  | Lnpay | | | | Overpay | | | | Paygap | | | |
| --- | --- | --- | --- | --- | --- | --- | --- | --- | --- | --- | --- | --- |
|  | (1) | (2) | (3) | (4) | (5) | (6) | (7) | (8) | (9) | (10) | (11) | (12) |
| Zone2 | 0.218 | 0.310** | 0.193 | 0.140 | 1.470** | 1.562** | 1.307* | 1.261* | 2.246 | 2.809* | 2.752 | 2.521 |
|  | (1.38) | (2.30) | (1.32) | (0.87) | (2.17) | (2.27) | (1.80) | (1.76) | (1.29) | (1.74) | (1.65) | (1.46) |
| Industry | Contorl | Contorl | Contorl | Contorl | Contorl | Contorl | Contorl | Contorl | Contorl | Contorl | Contorl | Contorl |
| Year | Contorl | Contorl | Contorl | Contorl | Contorl | Contorl | Contorl | Contorl | Contorl | Contorl | Contorl | Contorl |
| 常数项 | 10.26*** | 10.48*** | 10.29*** | 10.29*** | 22.97*** | 25.37*** | 23.89*** | 24.20*** | −5.184 | −8.300 | −5.687 | −5.292 |
|  | (9.89) | (10.68) | (10.07) | (9.82) | (3.69) | (4.05) | (3.74) | (3.74) | (−0.57) | (−0.88) | (−0.64) | (−0.60) |
| N | 344 | 344 | 344 | 344 | 332 | 332 | 332 | 332 | 344 | 344 | 344 | 344 |
| F/Chi2 | 10.08*** | 9.68*** | 10.19*** | 10.16*** | 93.31*** | 92.43*** | 95.17*** | 91.39*** | 6.80*** | 5.95*** | 5.84*** | 6.07*** |
| $R^2$/Pseudo $R^2$ | 0.2884 | 0.2898 | 0.2899 | 0.2926 | 0.3225 | 0.3327 | 0.3304 | 0.3336 | 0.3108 | 0.3162 | 0.2990 | 0.3003 |

注：(5) — (8) 为 Logit 回归，括号内为 z 值，其他列括号内为 t 值，*、**、*** 分别代表 10%，5% 和 1% 的显著性水平。

了滞后一期的业绩指标加入模型重新进行检验。总体而言,稳健性检验结果与前面的研究结论没有实质性差异。限于篇幅,上述稳健性检验未报告结果。

综上所述,本章通过分析国有企业政治治理对代理成本以及薪酬契约的影响,试图对政治治理的作用机制以及影响效果进行探索。本章主要的研究结论有:(1)我国国有上市公司中,党委会与监事会、高管层的"双向进入"有助于降低代理成本;(2)国有企业政治治理不但降低了公司高管人员的绝对薪酬,还抑制了高管攫取超额薪酬的行为,降低了高管与普通员工之间的薪酬差距。这表明我国国有企业中党委会的存在,尤其是党委会通过"双向进入、交叉任职"的领导体制进入公司董事会、监事会以及管理层后,既是公司高管又是党委成员的双重身份,使得高管可能出于政治晋升的动机而积极迎合国家的"限薪令"等相关政策,主动抑制自身薪酬的增长,凸显政治上的表率作用,表现出管家角色功能。

## 第六章
## 政治治理对雇佣决策的影响研究

本章是实证研究的第二步,分析政治治理对企业雇佣决策的影响。首先,沿袭已有的关于政治影响国有企业的相关研究,分析我国国有企业中政治治理影响企业行为的动机以及能力,在此基础上,进一步分析政治治理对企业雇员规模的影响,实证检验政治治理是否显著增加了公司雇员规模,促使企业提供了更多的就业。

## 第一节　理论分析与研究假设

从宏观层面来说，企业党组织作为国有企业的领导核心和政治核心，其目的就是要把党的路线、方针、政策落实到企业，引导和约束国有企业的发展方向，使其在追求经济效益、社会效益的同时，不偏离社会主义方向，保证企业健康发展。因此，长期以来，国有企业承担着诸如扩大就业、维护稳定等政策性目标（林毅夫等，2004），在面临就业压力时，政府有动机让国家控股的上市公司分担就业压力，或者不允许国企在改制过程中彻底剥离或释放多余雇员（曾庆生、陈信元，2006）。

目前学者们对政治制度影响企业的相关研究，其政治主体多为政府部门，并没有对影响政府行为背后的因素做更深一层的探讨。而笔者认为，企业党委会可以在企业层面影响企业决策（Sonja et al., 2002），尤其是1999年党的十五届四中全会通过的《中共中央关于国有企业改革和发展若干重大问题的决定》[①]中提出了"双向进入、交叉任职"的领导体制，第一次对国有企业党的领导权限给出了比较明确的界定，从组织上明确了党委会参与公司经营决策的具体途径和方式，为国有企业党委会的政治治理提供了基础。代表国家和政府利益的党委会，通过这种方式，既有动力也

---

[①] 1999年党的十五届四中全会通过的《中共中央关于国有企业改革和发展若干重大问题的决定》中第五个关于建立和完善现代企业制度的决定中指出，国有独资和控股公司的党委负责人可以通过法定程序进入董事会、监事会，董事会、监事会、经理层及工会中的党员负责人，可以依照党章及有关规定进入党委；党委书记和董事长可以一人兼任，董事长、总经理原则上分设。党组织按照党章、工会和职代会按照有关法律法规履行职责。http://cpc.people.com.cn/GB/64162/71380/71382/71386/4837883.html。

有能力促使国有企业不仅考虑其经济目标，也要承担一定的社会性目标，而这其中就包括企业的雇佣行为和决策。

目前有关政治关联的文献研究中，对于企业内设置基层党组织并直接参与企业决策这一中国特色的政治治理行为并未给予足够的重视。Chang 和 Wong（2004）较早通过问卷调查的方式，研究了国有企业基层党委会对公司决策制定和绩效的影响。Li et al.（2008）虽然指出党员身份是私营企业家获取政治关联的有效方式，尤其是在转型经济体中，私营企业家的党员身份有助于其从银行或其他国家机构获得贷款、在司法体系中有更大的自信，并对企业绩效产生影响，但仅是将党员身份作为与外界党和政府建立联系的一种渠道，并没有对其在企业中的行为选择和作用机制进行研究。因此，本章将对政府行为的研究深入到企业内部，探讨企业基层党组织的政治治理对企业决策产生的影响。

前述第四章第二节的理论分析表明，由于考虑到地区就业情况仍然是地方政府考核和官员提拔的主要指标，并且高失业率会带来各种威胁社会稳定的问题，国家和政府会促使企业（尤其是国有企业）雇用更多的员工、限制企业裁员。党委会在企业中的主要职能是监督和制衡企业经理人员，把握企业发展方向，以及国有企业经理人的任命和激励（钱颖一，1995），再加上党委会参与企业重大经营决策，雇用员工维持社会稳定这种党和国家高度重视的政治和社会目标，自然会贯彻到企业的决策中去。

根据上述分析，本章拟检验第四章提出的假设三，即：

假设三：政治治理程度越高的公司，其雇用的员工规模越大。

## 第二节 研究设计

### 一、样本选择与数据来源

本章采用的样本与第五章完全一致,即 2008—2010 年沪、深两市所有 A 股国有非金融类披露了党委会任职信息的上市公司,共 367 家。其中,2008 年 115 家,2009 年 128 家,2010 年 124 家,剔除在 CCER 数据库中财务数据、治理数据披露不全的公司 23 家,最后得到样本公司 344 家。

### 二、变量说明和模型设计

#### (一)因变量

本章的因变量为超额雇员,采用曾庆生、陈信元(2006)和曾庆生(2007)的方法,即首先以回归方程的残差作为超额雇员的衡量指标。先以研究样本对方程 $Y = \alpha + \beta \times Size + \theta \times Capital + \varpi \times Growth + \Sigma \gamma \times Industry + \Sigma \lambda \times Year + \varepsilon$ 进行回归,估计模型各变量的系数,然后估计出正常雇员数量 $Y^*$,而超额雇员数量 $Ex\_staff = Y - Y^*$。上述回归模型中控制了影响上市公司雇员人数的主要因素,即公司规模(Size)、资本密集度(Capital,指固定资产占总资产的比例)、公司成长性(Growth,指销售收入增长率)、行业特征(Industry,按中国证监会行业代码分类)以及年度(Year)。此外,根据曾庆生(2007)的做法,需要同时估计超额雇员的一个绝对指标

（绝对雇员数）和两个相对指标（单位资产雇员数、单位主业收入雇员数）。当 Y 为绝对雇员数时，Size 为公司总资产；当 Y 为单位资产雇员数（单位主业收入雇员数）时，Size 为公司总资产（主业收入）的对数。且为了使超额雇员的度量更加稳健，并不单独使用各超额雇员指标，而是当三个超额雇员指标同时大于零时，界定该公司为超额雇员公司（哑变量 Ex_employ =1），否则为非超额雇员公司（Ex_employ =0）。

### （二）自变量

本章自变量为政治治理程度，与第五章的方法一致，使用党委会成员在公司董事会、监事会和高级管理人员中的重合情况，即"双向进入"的程度来衡量其参与公司决策程度的大小。分别用党委会成员与董事会成员重合人数除以董事会规模（Par-dir）、党委会成员与监事会成员重合人数除以监事会规模（Par-sup）、党委会成员与管理层重合人数除以管理层规模（Par-man）以及党委会与董事会、监事会、管理层人员重合的总人数除以董事会、监事会、管理层总人数（Party）四个指标进行衡量。

### （三）控制变量

首先，与第五章一样，控制已有的政治关联变量（PC），用以区分党委会这一政治治理形式区别于其他形式对企业的影响，参考 Boubakri et al. (2008)，Fan et al. (2007)，Li et al. (2008)，贾明、张喆（2010）、杜兴强等（2011）的做法，如果公司的董事长或总经理是前任政府官员、人大代表或政协委员，则认为具有政治关联（PC）。同样在稳健性检验中，本书还用政治关联董事占全部董事的比例（RPC）以及政治关联级别（PCJB，根据与公司董事长或总经理建立政治关联的政府机构的行政级别是否为中央、省级、市级或者县级四类而设定政治关联级别分别为 4、3、2、1；如果没有政治关联，那么则为 0）作为政治关联的替代变量进行检验。

参考 Leone et al.（2006）、Firth et al.（2006）、方军雄（2009、2011）的做法，本研究控制了公司规模（Size）、资产负债率（Lev）、总资产收益率（Roa）、总资产增长率（Growth）、第一大股东持股比例（Top1）、前五大股东持股比例的平方和（H5）；参考沈永建、张天琴（2011）的做法，控制了独立董事的比例（Outratio）和管理层持股比例（Mhold）；参考 Li et al.（2008），控制了董事长的政治身份（Partymem）；参考曾庆生、陈信元（2006）的做法，控制了上市公司最终控制人的政治级别（Grade）。另外，参考辛清泉等（2007a）的做法，还设置了东部沿海地区虚拟变量（Zone1）和中部地区虚拟变量（Zone2）控制地区，年度虚拟变量（Year）控制年份，行业虚拟变量（Industry）控制行业影响因素，各变量具体定义如表 6.1 所示。

**表 6.1　　变量名称、变量含义及计算方法**

| 变量类型 | 变量 | 代码 | 变量含义及计算方法 |
|---|---|---|---|
| 因变量 | 超额雇员 | Ex_employ | 利用多元回归的方法估计出企业的正常雇员，利用回归残差作为超额雇员的衡量指标，当三个超额雇员指标（绝对雇员数、单位资产雇员数、单位主业收入雇员数）同时大于零时，Ex_employ 为 1，否则为 0 |
| 自变量 | 政治治理程度指标 | Par-dir | 党委会和董事会重合人数/董事会规模 |
| | | Par-sup | 党委会和监事会重合人数/监事会规模 |
| | | Par-man | 党委会和高管层重合人数/高管层规模 |
| | | Party | 党委会和董事会、监事会、高管层重合总人数/董事会、监事会以及高管总人数 |
| 控制变量 | 公司规模 | Size | 公司年末总资产的自然对数 |
| | 盈利能力 | Roa | 总资产收益率＝年末净利润/资产平均值 |
| | 成长能力 | Growth | 总资产增长率＝（年末总资产－年初总资产）/年初总资产 |

续表

| 变量类型 | 变量 | 代码 | 变量含义及计算方法 |
|---|---|---|---|
| 控制变量 | 财务杠杆 | Lev | 资产负债率＝负债/资产平均值 |
| | 政治关联 | PC | 如果公司的董事长或总经理是前任政府官员、人大代表或政协委员，则认为具有政治关联，赋值为1，否则为0 |
| | 股权结构 | Top1 | 第一大股东持股比例 |
| | | H5 | 股权集中度；前五大股东持股比例的平方和 |
| | 公司治理 | Outratio | 董事会独立性，独立董事占全部董事的比重 |
| | | Mhold | 管理层持股比例，高管团队持股数量占总股本的比例 |
| | 党员身份 | Partymem | 董事长党员身份虚拟变量。若董事长为党员，赋值为1，否则为0 |
| | 终极控制人级别 | Grade | 终极控制人为中央级别赋值为4，省级为3，市级为2，县及以下为1 |
| | 上市时间 | Lnage | 公司上市年数的自然对数 |
| | 所属年份 | Year | 年度虚拟变量 |
| | 所属行业 | Industry | 行业虚拟变量 |

## （四）模型设计

为了检验假设3，本书借鉴相关文献（Leone et al., 2006；方军雄，2009）的做法，采用模型（6.1）考察党委会对超额雇员的影响：

$$\text{Logit}(Ex\_employ) = \beta_0 + \beta_1 DWH + \beta_2 Top1 + \beta_3 H5 + \beta_4 Grade + \beta_5 PC + \beta_6 Outratio + \beta_7 Mhold + \beta_8 Partymem + \beta_9 Size + \beta_{10} Growth + \beta_{11} Lev + \beta_{12} Roa + \beta_{13} Lnage + Industry + Year + \varepsilon \quad (6.1)$$

模型（6.1）采用 Logit 模型进行回归，考察公司政治治理的程度 DWH（分别为 Par-dir、Par-sup、Par-man 和 Party）对超额雇员 Ex_employ 的影响。

## 第三节 实证分析

### 一、描述性统计

表 6.2 的 Panel A 列示了各公司主要变量的描述性统计结果。如表 6.2 所示,从总体来看,根据研究设计所述方法,共有 19.8% 的样本为超额雇员公司,样本间差异较大;党委会与董事会重合程度均值为 18.8%,最大值 62.5%;与监事会重合程度均值为 13.7%,最大值为 1,即完全重合;与管理层重合程度均值为 15.4%,最大值也为 1,说明"双向进入"更多的是党委会与董事会、管理层之间的人员重合。总体而言,党委会与董事会、监事会以及管理层之间总的"双向进入"程度为 19.3%,最小值和最大值分别为 5.9% 和 73.3%,标准差为 0.107,差别较大。分年度来看,如表 6.2Panel B 所示,不同年度的超额雇员公司比重差异较大,但整体水平逐年提高;四个考察变量中,党委会与董事会、监事会重合程度先升后降,与管理层重合程度先降后升,但总的"双向进入"程度 Party 三年内逐年提高,呈上升趋势。

表 6.2 中 Panel C 还给出了政治治理程度与主要变量之间关系的单变量检验结果。可以发现,用 Party 度量政治治理程度,高水平组相比低水平组,其超额雇员规模更高,上述 T 检验和 Wilcoxon 检验结果均在 5% 的水平上显著。总资产报酬率表征的公司业绩在高水平组和低水平组并没有显著差异。单变量检验结果部分印证了假设 3:政治治理程度越高,其雇用的雇员越多,但影响程度如何,有待进一步的回归分析。

**表 6.2　　　　　　　　　　　　　描述性统计**

Panel A：所有变量的描述性统计结果（样本数 =344）

| 变量 | 均值 | 中位数 | 标准差 | 最小值 | 最大值 |
|---|---|---|---|---|---|
| Ex_employ | 0.198 | 0.000 | 0.399 | 0.000 | 1.000 |
| Par-dir | 0.188 | 0.160 | 0.113 | 0.000 | 0.625 |
| Par-sup | 0.137 | 0.143 | 0.145 | 0.000 | 1.000 |
| Par-man | 0.154 | 0.111 | 0.161 | 0.000 | 1.000 |
| Party | 0.193 | 0.167 | 0.107 | 0.059 | 0.733 |
| Size | 22.087 | 21.928 | 1.080 | 19.831 | 26.156 |
| Roa | 0.040 | 0.035 | 0.053 | -0.203 | 0.315 |
| Growth | 0.159 | 0.106 | 0.317 | -0.596 | 3.143 |
| Lev | 0.518 | 0.542 | 0.176 | 0.078 | 0.970 |
| PC | 0.356 | 0.000 | 0.480 | 0.000 | 1.000 |
| Top1 | 0.367 | 0.333 | 0.154 | 0.035 | 0.789 |
| H5 | 0.168 | 0.128 | 0.124 | 0.001 | 0.626 |
| Outratio | 0.369 | 0.333 | 0.058 | 0.25 | 0.667 |
| Mhold | 0.001 | 0.000 | 0.004 | 0.000 | 0.044 |
| Partymem | 0.910 | 1.000 | 0.287 | 0.000 | 1.000 |
| Grade | 2.491 | 3.000 | 0.545 | 1.000 | 3.000 |
| Lnage | 2.471 | 2.565 | 0.312 | 1.386 | 2.890 |

Panel B：主要变量按年度描述性统计结果

| N | 2008 年 | | | 2009 年 | | | 2010 年 | | |
|---|---|---|---|---|---|---|---|---|---|
| | 103 | | | 128 | | | 113 | | |
| 变量 | 均值 | 中位数 | 标准差 | 均值 | 中位数 | 标准差 | 均值 | 中位数 | 标准差 |
| Ex_employ | 0.194 | 0.000 | 0.397 | 0.195 | 0.000 | 0.398 | 0.204 | 0.000 | 0.404 |
| Par-dir | 0.180 | 0.143 | 0.111 | 0.192 | 0.167 | 0.112 | 0.189 | 0.167 | 0.116 |
| Par-sup | 0.125 | 0.111 | 0.137 | 0.143 | 0.143 | 0.156 | 0.141 | 0.167 | 0.140 |
| Par-man | 0.154 | 0.125 | 0.154 | 0.146 | 0.111 | 0.154 | 0.161 | 0.111 | 0.175 |
| Party | 0.188 | 0.167 | 0.100 | 0.192 | 0.167 | 0.104 | 0.199 | 0.167 | 0.116 |

续表

Panel C：根据 Party 分组检验结果

| 变量 | | 高水平组 | | | 低水平组 | | | T – test | Wilcoxon test |
|---|---|---|---|---|---|---|---|---|---|
| | | N | 均值 | 中位数 | N | 均值 | 中位数 | T 值 | Z 值 |
| 超额雇员 | Ex_employ | 128 | 0.281 | 0.000 | 216 | 0.190 | 0 | −1.972** | −1.964** |
| 公司绩效 | Roa | 128 | 0.036 | 0.033 | 216 | 0.042 | 0.036 | 1.002 | 1.235 |

注：将 Party 值大于中位数的样本认定为高水平组，否则认定为低水平组，对两组公司各变量的均值和中位数分别进行 T 检验和 Wilcoxon 秩和检验，***、**、* 分别表示检验在 1%、5% 和 10% 的水平上显著。

## 二、回归结果分析

### （一）政治治理对雇员规模的影响分析

以超额雇员为被解释变量进行 Logit 回归，检验政治治理程度对公司雇员规模的影响，结果见表 6.3。模型（1）—（4）分别对党委会与董事会、监事会、管理层重合人数以及重合总人数进行回归，结果显示均与公司超额雇员程度显著正相关，验证了假设 3，即党委会通过采用与公司董事会、监事会以及管理层"双向进入"的任职方式参与公司的重大经营决策，并影响到公司雇用员工的规模，"双向进入"程度越大，其对公司的影响越大，公司越可能雇用更多的员工。控制变量中，党员身份、公司规模、资产负债率与雇员规模显著正相关，资产收益率与雇员规模显著负相关，即董事长为党员、公司规模越大、负债比例越高，越容易增加雇员规模。

表 6.3　　政治治理程度与雇员规模回归结果

| | (1) | (2) | (3) | (4) |
|---|---|---|---|---|
| | Ex_employ | Ex_employ | Ex_employ | Ex_employ |
| Par-dir | 2.840* | | | |
| | (1.75) | | | |
| Par-sup | | 2.665** | | |
| | | (2.09) | | |
| Par-man | | | 2.355** | |
| | | | (2.41) | |
| Party | | | | 4.335*** |
| | | | | (2.79) |
| Top1 | 1.432 | 2.293 | 0.570 | -0.691 |
| | (0.29) | (0.47) | (0.11) | (-0.14) |
| H5 | -5.246 | -5.959 | -4.264 | -2.924 |
| | (-0.87) | (-0.98) | (-0.69) | (-0.47) |
| Grade | -0.141 | -0.278 | -0.163 | -0.126 |
| | (-0.39) | (-0.77) | (-0.44) | (-0.34) |
| PC | -0.0150 | 0.153 | 0.0736 | 0.0854 |
| | (-0.04) | (0.39) | (0.18) | (0.21) |
| Outratio | -4.306 | -2.434 | -3.416 | -4.646 |
| | (-1.16) | (-0.69) | (-0.96) | (-1.24) |
| Mhold | -131.3 | -115.3 | -126.6 | -130.8 |
| | (-1.33) | (-1.21) | (-1.27) | (-1.33) |
| Partymem | 2.448** | 2.541** | 2.415** | 2.382** |
| | (2.09) | (2.18) | (2.08) | (2.03) |
| Size | 0.637*** | 0.627*** | 0.587*** | 0.619*** |
| | (3.24) | (3.18) | (3.03) | (3.12) |
| Growth | -0.315 | -0.314 | -0.303 | -0.293 |
| | (-0.56) | (-0.54) | (-0.54) | (-0.53) |
| Lev | 3.507** | 3.442** | 3.496** | 3.548** |
| | (2.29) | (2.35) | (2.32) | (2.30) |
| Roa | -7.928* | -8.325* | -7.903* | -7.592 |
| | (-1.70) | (-1.74) | (-1.67) | (-1.60) |

续表

| | （1） | （2） | （3） | （4） |
|---|---|---|---|---|
| | Ex_employ | Ex_employ | Ex_employ | Ex_employ |
| Lnage | -0.813 | -0.638 | -0.640 | -0.660 |
| | (-1.16) | (-0.89) | (-0.90) | (-0.92) |
| Industry | Contorl | Contorl | Contorl | Contorl |
| Year | Contorl | Contorl | Contorl | Contorl |
| 常数项 | -14.22*** | -15.10*** | -13.28** | -13.72** |
| | (-3.46) | (-3.66) | (-3.21) | (-3.23) |
| N | 320 | 320 | 320 | 320 |
| Chi2 | 72.56*** | 73.85*** | 75.27*** | 77.53*** |
| Pseudo $R^2$ | 0.2192 | 0.2231 | 0.2274 | 0.2342 |

注：括号内为 z 值，*、**、*** 分别代表 10%、5% 和 1% 的显著性水平。

## （二）稳健性检验

### 1. 样本选择偏差问题

由于本书的样本只有 344 家，存在较大的样本选择性问题，容易产生样本选择的偏误。鉴于此，本章与第五章一样，采用 Heckman 两阶段回归法（Heckman，1979），将样本选择的调整项引入回归方程之中，以减少和避免样本的偏误问题。在 Heckman 模型第一阶段的估计中，运用 Probit 模型对国有上市公司样本进行估计。第一阶段的选择模型如下：

$$\text{Probit}(I_i) = \alpha_0 + \alpha_1 Group_i + \alpha_2 Controltype_i + \alpha_3 X + u_i \quad (6.2)$$

其中，$I_i$ 为样本公司 i 中党组织成员进入董事会、监事会或高管层的选择变量。若 $I_i=1$，表示党组织成员进入董事会、监事会或高管层；若 $I_i=0$ 表示党组织没有进入董事会、监事会和高管层。X 表示第二阶段出现的所有解释变量。此外，仍然使用母公司是否为集团公司（用 Group 表示，如果第一大股东为集团公司，则认为上市公司附属于企业集团，赋值为 1，否则为 0）以及最终控制人是国资委还是政府部门（用 Controltype 表示，最终控制人为政府取 1，为国资委取 0）两个变量作为外生性工具变量。工具变量的有效性检验与第五章相同，本章不再赘述。

表 6.4 列示了用 Heckman 两阶段法计算的政治治理程度对雇员规模的回归结果，其中（1）选择模型报告了 Heckman 模型第一阶段的计量结果。估计结果显示，母公司是集团公司会降低政治治理程度，最终控制人是政府的公司相对于最终控制人是国资委的公司，政治治理程度更低。表 6.4 中模型（2）—（5）报告了 Heckman 第二阶段的回归结果。结果显示 imr 系数是显著的，且政治治理程度的四个指标中，除了党委会与董事会重合程度系数为正但不显著外，其他三个指标的系数依然显著为正，与前面的普通最小二乘法估计结果基本一致，即政治治理程度越高的公司承担的雇员规模越多，结果具有较强的稳健性。

表 6.4 雇员规模的 Heckman 模型计量结果

| | （1）选择方程（Probit 模型） | （2）Ex_employ | （3）Ex_employ | （4）Ex_employ | （5）Ex_employ |
|---|---|---|---|---|---|
| Par-dir | | 0.374 | | | |
| | | (0.25) | | | |
| Par-sup | | | 2.762** | | |
| | | | (2.30) | | |
| Par-man | | | | 1.879** | |
| | | | | (2.17) | |
| Party | | | | | 2.746** |
| | | | | | (2.01) |
| Top1 | 2.557** | 3.821 | 7.293 | 2.265 | 1.841 |
| | (2.13) | (0.84) | (1.48) | (0.50) | (0.40) |
| H5 | -3.970*** | -5.960 | -12.34** | -4.368 | -3.799 |
| | (-2.61) | (-1.07) | (-1.99) | (-0.78) | (-0.67) |
| Grade | -0.0177 | -0.502 | -0.476 | -0.493 | -0.466 |
| | (-0.20) | (-1.56) | (-1.38) | (-1.54) | (-1.46) |

续表

|  | (1) 选择方程 (Probit 模型) | (2) Ex_employ | (3) Ex_employ | (4) Ex_employ | (5) Ex_employ |
| --- | --- | --- | --- | --- | --- |
| PC | 0.0376 | 0.142 | 0.311 | 0.0874 | 0.103 |
|  | (0.36) | (0.38) | (0.79) | (0.23) | (0.27) |
| Outratio | -0.658 | -0.492 | 0.786 | -0.840 | -1.441 |
|  | (-0.79) | (-0.17) | (0.26) | (-0.29) | (-0.49) |
| Mhold | -54.11*** | -145.2 | -140.0 | -150.9 | -156.6 |
|  | (-5.68) | (-1.41) | (-1.39) | (-1.44) | (-1.47) |
| Partymem | 1.018*** | 3.031** | 2.862** | 3.088*** | 3.070** |
|  | (8.12) | (2.56) | (2.33) | (2.58) | (2.58) |
| Size | 0.308*** | 0.576*** | 0.747*** | 0.561*** | 0.562*** |
|  | (5.65) | (3.30) | (3.87) | (3.18) | (3.20) |
| Growth | -0.0388*** | -0.651 | -0.376 | -0.316 | -0.302 |
|  | (-8.56) | (-1.10) | (-0.92) | (-1.03) | (-0.98) |
| Lev | -0.847*** | 1.867 | 2.064 | 1.888 | 1.863 |
|  | (-2.83) | (1.49) | (1.46) | (1.51) | (1.49) |
| Roa | -0.0694*** | -4.404 | -6.625 | -4.294 | -4.301 |
|  | (-6.57) | (-1.15) | (-1.56) | (-1.19) | (-1.13) |
| Lnage | 0.316** | 0.0125 | 0.0120 | 0.184 | 0.125 |
|  | (2.21) | (0.02) | (0.02) | (0.29) | (0.20) |
| imr |  | 1.253* | 1.341* | 1.474** | 1.467* |
|  |  | (1.69) | (1.68) | (1.96) | (1.96) |
| Group | -0.300*** |  |  |  |  |
|  | (-2.86) |  |  |  |  |
| Controltype | -0.302** |  |  |  |  |
|  | (-2.19) |  |  |  |  |
| Industry | Contorl | Contorl | Contorl | Contorl | Contorl |
| Year | Contorl | Contorl | Contorl | Contorl | Contorl |
| 常数项 | -8.295*** | -17.93** | -22.14*** | -18.24*** | -18.14*** |
|  | (-6.80) | (-2.59) | (-4.49) | (-3.87) | (-3.85) |
| N | 1483 | 338 | 339 | 338 | 338 |
| Chi2 | 586.85*** | 53.68*** | 68.70*** | 58.25*** | 57.38*** |
| Pseudo $R^2$ | 0.3653 | 0.1490 | 0.2022 | 0.1617 | 0.1593 |

注：括号内为 z 值，*、**、*** 分别代表 10%、5% 和 1% 的显著性水平。

2. 其他稳健性检验

除了以上用 Heckman 两阶段法解决样本选择性问题外，本书还从以下两个主要部分进行了稳健性检验。第一部分，替换变量。本书用政治关联董事占全部董事的比例 RPC 以及政治关联级别 PCJB（根据与公司董事长或总经理建立政治关联的政府机构的行政级别是否为中央、省级、市级或者县级四类而设定政治关联级别，分别为 4、3、2、1；如果没有政治关联，则为 0）替代政治关联指标，用总经理是否为党员代替政治身份指标，以及增加样本公司所在省份的人均 GDP 的自然对数、樊纲指数代表的地区市场化水平控制变量，回归结果均无实质性差异。第二部分，政治治理程度与公司绩效可能存在内生性，因为政治治理程度会影响公司绩效，公司绩效也会影响政治治理程度。为了避免这种反向的因果关系，本书使用了滞后一期的业绩指标加入模型重新进行检验。总体而言，稳健性检验结果与前面的研究结论没有实质性差异。限于篇幅，上述稳健性检验未报告结果。

根据以上分析，本章通过分析国有企业政治治理对企业雇员规模的影响，试图对政治治理影响国有企业的作用机制以及影响效果进行探索。本章研究发现：我国国有上市公司中，政治治理会增加公司雇用员工的数量。本章的发现揭示了国有企业政治治理在公司治理中的重要作用，即在经济转型过程中，除了政府依靠资源配置等形式作用于企业内部影响公司决策与目标这一外在途径外，还可以通过公司内部政治治理的方式直接参与公司决策，本书的实证结果为理解政治影响公司治理范畴提供了更为细致的线索，并对于当前国企改革的深化和推进有着重要的理论和政策意义。

| 第七章 |

# 政治治理对公司治理水平的影响研究

本章是实证研究的第三步,分析政治治理对公司治理水平的影响效果。在前面两章实证分析的基础上,本章重点检验政治治理通过影响公司的代理问题、薪酬契约以及雇佣行为后,最终在公司治理水平上会有什么样的结果。

# 第一节 理论分析与研究假设

国有企业政治治理是本书研究的核心问题，而这一行为不仅会影响公司的行为和决策，如前文第五章和第六章所述的对公司代理问题、高管薪酬契约以及雇员规模的影响，还会继而形成治理效应，直接影响公司治理水平。因此，本章尝试根据"政治治理——公司决策与行为——治理效应"内在因果关系的过程展开相关理论研究和经验检验，具体研究逻辑如图7.1所示。

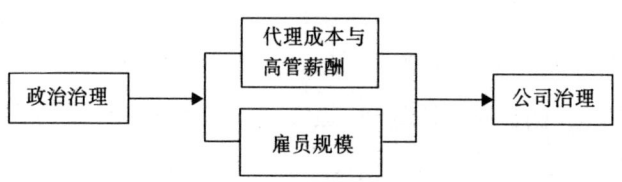

图 7.1 本章研究逻辑

对于政治治理这一行为而言，其治理程度会直接影响公司的行为和决策的执行，并导致经济结果的输出（如公司治理和公司价值）。本章在前面两章的基础上，完善政治治理、公司决策与行为、治理效应三者关系的理论框架，经验检验政治治理对公司治理水平等经济输出结果的影响。通过上述研究，笔者期望能够认清政治治理的作用机理，并通过研究结果反馈理论，以辨别政治治理的影响。

前述第五章第三节的理论分析表明，政治治理可以有效地降低经理人的代理成本和薪酬成本，促使企业增加雇员规模，提供更多就业。政治治理程度越高，代理成本和薪酬成本越低，但雇佣成本会越大。在三种不同成本的此消彼长的作用下，政治治理程度与总成本呈"U"形曲线关系，并相应地导致其与公司治理呈倒"U"形曲线关系。

根据上述分析，本章拟检验第四章提出的假设四，即：

假设四：政治治理的程度与公司治理水平之间存在倒"U"形关系。

## 第二节　研究设计

### 一、样本选择与数据来源

本章的样本与第五章和第六章保持一致，即2008—2010年沪、深两市所有A股国有非金融类上市公司中披露了党组织任职信息的公司，最后样本为344家。

### 二、变量说明和模型设计

#### （一）因变量

本书借鉴白重恩等（2005）的方法，用多个反映公司治理水平变量的指标通过主成分分析法拟合构建出反映公司治理水平的指标。根据本书关注的对象，主要研究企业政治治理对公司治理的影响，主要涉及公司股东、董事会、监事会以及管理层的情况，不涉及资本市场、控制权市场、法制基础等外部治理机制。因此，本书选取第一大股东持股比例（Top1）、第二至第十大股东持股比例（Cstr2—10）、公司第一大股东与第二大股东持股比例的比值 Z 指数（Z）、公司前五位大股东持股比例的平方和（Herfindahl5）、公司前十位大股东持股比例的平方和（Herfindahl10）五个指标来衡量公司股权结构治理水平；用 CEO 是否兼任董事会主席或副主席的虚拟变量（Dual）、独立董事的比例（Outratio）两个指标来测度董事会治理水平；用高管人员持股比例（Manghold）、高管人员持股数量（Manghold2）两个指标来测度高管薪酬治理水平。最终采用主成分分析法拟合公司治理指数（CG）。

### （二）自变量

本章自变量为政治治理程度，与第五章和第六章的实证检验保持一致，本书用党委会成员在公司董事会、监事会和高级管理人员中的重合情况，即"双向进入"的程度来衡量其治理程度的大小。分别用党委会成员与董事会成员重合人数除以董事会规模（Par-dir）、党委会成员与监事会成员重合人数除以监事会规模（Par-sup）、党委会成员与管理层重合人数除以管理层规模（Par-man）以及党委会与董事会、监事会、管理层人员重合的总人数除以董事会、监事会、管理层总人数（Party）四个指标进行衡量。

### （三）控制变量

本书仍然控制了已有的政治关联变量（PC），用以区分企业内部政治治理这一形式区别于其他形式对企业的影响；参考刘玉敏（2006）等的做法，选取公司规模（Size）、总资产收益率（Roa）、总资产增长率（Growth）、资产负债率（Lev）等变量作为控制变量。另外，还设置了年度虚拟变量（Year）控制年份，行业虚拟变量（Industry）控制行业影响因素，如表 7.1 所示。

表 7.1　　　　　变量名称、变量含义及计算方法与数据来源

| 变量类型 | 变量 | 代码 | 变量含义及计算方法 | 数据来源 |
|---|---|---|---|---|
| 因变量 | 公司治理水平 | CG | 公司治理；由第一大股东控股比例、2—10 大股东股权集中度、Z 指数、herfendahl5 系数、hefendahl10 系数、两职设置情况、独立董事比例、高管持股比例、高管持股数量主成分分析拟合 | 1 |
| 自变量 | 政治治理程度指标 | Par-dir | "双向进入"指标，党委会和董事会重合人数/董事会规模 | 2 |
| | | Par-sup | "双向进入"指标，党委会和监事会重合人数/监事会规模 | 2 |
| | | Par-man | "双向进入"指标，党委会和高管层重合人数/高管层规模 | 2 |
| | | Party | "双向进入"指标，党委会和董事会、监事会、高管层重合总人数/董事会、监事会以及高管总人数 | 2 |
| 控制变量 | 政治关联 | PC | 如果公司的董事长或总经理是前任政府官员、人大代表或政协委员，则认为具有政治关联，赋值为1，否则为0 | 1 |
| | 公司规模 | Size | 公司年末总资产的自然对数 | 2 |
| | 盈利能力 | Roa | 总资产收益率=年末净利润/资产平均值 | 1 |
| | 成长能力 | Growth | 总资产增长率=（年末总资产−年初总资产）/年初总资产 | 1 |
| | 财务杠杆 | Lev | 资产负债率=负债/资产平均值 | 1 |
| | 所属年份 | Year | 年度虚拟变量 | 1 |
| | 所属行业 | Industyr | 行业虚拟变量 | 1 |

资料来源：（1）CCER 数据库；（2）年报、公司网站。

## （四）模型设计

为了检验假设 4，采用模型（7.1）考察政治治理程度对公司治理水平的影响：

$$CG = \beta_0 + \beta_1 DWH + \beta_2 DWH^2 + \beta_3 Size + \beta_4 Growth + \beta_5 Lev + \beta_6 Roa + Industry + Year + \varepsilon_i \quad (7.1)$$

模型（7.1）采用 OLS 进行回归，考察政治治理的程度 DWH（分别为 Par – dir、Par – sup、Par – man 和 Party 以及平方项）对公司治理水平 CG 的影响。

## 第三节 实证分析

### 一、公司治理指数的拟合

本书借鉴白重恩等（2005）的方法，将分别代表股权结构治理水平、董事会治理水平以及高管薪酬治理水平的九个治理因素拟合成公司治理指数，均提取三个公因子，贡献率分别达到 0.709、0.720、0.728，拟合结果见表 7.2。

表 7.2　　　　　　　　　　公司治理指数拟合

| | 2008 年 | | | | 2009 年 | | | | 2010 年 | | | |
|---|---|---|---|---|---|---|---|---|---|---|---|---|
| | 因子载荷矩阵 | | | 贡献率 | 因子载荷矩阵 | | | 贡献率 | 因子载荷矩阵 | | | 贡献率 |
| 因素 | 1 | 2 | 3 | 0.709 | 1 | 2 | 3 | 0.720 | 1 | 2 | 3 | 0.728 |
| Herfin5 | 0.983 | -0.077 | 0.023 | KMO | 0.984 | -0.074 | -0.047 | KMO | 0.972 | -0.119 | 0.086 | KMO |
| Herfin10 | 0.983 | -0.077 | 0.021 | 0.610 | 0.984 | -0.074 | -0.046 | 0.643 | 0.972 | -0.119 | 0.085 | 0.661 |
| Top1 | 0.976 | -0.078 | 0.078 | | 0.968 | -0.088 | -0.156 | | 0.959 | -0.126 | 0.161 | |
| Manghold2 | -0.086 | 0.978 | -0.014 | | -0.100 | 0.957 | -0.043 | | -0.060 | 0.936 | -0.058 | |
| Manghold | -0.076 | 0.977 | -0.061 | | -0.072 | 0.965 | -0.010 | | -0.049 | 0.947 | -0.064 | |

续表

| | 2008 年 | | | 2009 年 | | | 2010 年 | | |
|---|---|---|---|---|---|---|---|---|---|
| | 因子载荷矩阵 | | 贡献率 | 因子载荷矩阵 | | 贡献率 | 因子载荷矩阵 | | 贡献率 |
| Cstr2-10 | -0.294 | -0.017 | -0.727 | -0.292 | 0.082 | 0.762 | -0.335 | 0.046 | -0.704 |
| Outratio | -0.018 | -0.043 | 0.649 | -0.015 | -0.145 | 0.435 | -0.101 | -0.056 | 0.698 |
| Z | 0.395 | 0.005 | 0.483 | 0.402 | -0.088 | -0.676 | 0.498 | -0.012 | 0.565 |
| Dual | 0.087 | 0.023 | -0.326 | 0.173 | 0.012 | 0.392 | 0.097 | -0.432 | 0.010 |

## 二、描述性统计

表 7.3 显示了各公司主要变量的描述性统计结果。总体来看，公司治理水平均值为 -0.015，普遍偏低，最大值和最小值分别为 -1.437 和 2.030，样本间公司治理水平差别较大。党委会与董事会重合程度平均为 0.188，最大为 0.625；与监事会重合程度均值为 0.137，且最大值为 1，即完全重合；与管理层重合程度均值为 0.154，最大值也为 1，说明"双向进入"更多的是党委会与董事会、管理层之间的人员重合。总体而言，党委会与董事会、监事会以及管理层之间总的"双向进入"程度为 0.193，最小值和最大值分别为 0.059 和 0.733，标准差为 0.107，差别较大。分年度来看，不同年度的公司治理水平差别较大，但整体水平逐年提高。四个考察变量中，党委会与董事会、监事会重合程度先升后降，与管理层重合程度先降后升，但总的"双向进入"程度 Party 三年内逐年提高，呈上升趋势。

表 7.3         变量描述性统计

| Panel A：主要变量的描述性统计结果（样本数 =344） | | | | | |
|---|---|---|---|---|---|
| 变量 | 均值 | 中位数 | 标准差 | 最小值 | 最大值 |
| CG | -0.015 | -0.127 | 0.598 | -1.437 | 2.030 |
| Par-dir | 0.188 | 0.160 | 0.113 | 0.000 | 0.625 |
| Par-sup | 0.137 | 0.143 | 0.145 | 0.000 | 1.000 |
| Par-man | 0.154 | 0.111 | 0.161 | 0.000 | 1.000 |
| Party | 0.193 | 0.167 | 0.107 | 0.059 | 0.733 |

续表

Panel B：主要变量按年度描述性统计结果

| N | 2008 年 | | | 2009 年 | | | 2010 年 | | |
|---|---|---|---|---|---|---|---|---|---|
| | 103 | | | 128 | | | 113 | | |
| 变量 | 均值 | 中位数 | 标准差 | 均值 | 中位数 | 标准差 | 均值 | 中位数 | 标准差 |
| CG | −0.072 | −0.180 | 0.576 | 0.001 | −0.109 | 0.610 | 0.018 | −0.111 | 0.604 |
| Par−dir | 0.180 | 0.143 | 0.111 | 0.192 | 0.167 | 0.112 | 0.189 | 0.167 | 0.116 |
| Par−sup | 0.125 | 0.111 | 0.137 | 0.143 | 0.143 | 0.156 | 0.141 | 0.167 | 0.140 |
| Par−man | 0.154 | 0.125 | 0.154 | 0.146 | 0.111 | 0.154 | 0.161 | 0.111 | 0.175 |
| Party | 0.188 | 0.167 | 0.100 | 0.192 | 0.167 | 0.104 | 0.199 | 0.167 | 0.116 |

## 三、回归结果分析

### （一）政治治理对公司治理水平的影响分析

本章以公司治理水平为被解释变量进行回归，检验政治治理程度对公司治理水平的影响，结果见表7.4。模型（1）—（3）分别对党委会与董事会、监事会以及管理层重合人数进行回归。结果显示三者与公司治理水平正相关，但均不显著；模型（4）将党委会与董事会、监事会以及高管层总的重合程度及其平方项与公司治理变量进行回归，结果显示，党委会与董事会、监事会以及管理层的"双向进入"总程度与公司治理水平呈倒"U"形关系，验证了假设4。即随着党委会与公司董事会、监事会以及管理层"双向进入"的程度加大，综合成本先降后升，而公司治理水平则呈现出先升后降的倒"U"形变化。控制变量方面，公司规模与公司治理水平显著正相关，资产负债率与公司治理水平显著负相关，即公司规模越大，资产负债率越低，公司治理水平越好。

表 7.4　　政治治理程度对公司治理的影响

| | CG (1) | CG (2) | CG (3) | CG (4) |
|---|---|---|---|---|
| Par－dir | 0.337 | | | |
| | (1.41) | | | |
| Par－sup | | 0.00934 | | |
| | | (0.04) | | |
| Par－man | | | 0.169 | |
| | | | (1.10) | |
| Party | | | | **2.672**\*\*\* |
| | | | | (2.71) |
| Party$^2$ | | | | **−3.789**\*\* |
| | | | | (−2.36) |
| PC | −0.106 | −0.0959 | −0.0992 | −0.0884 |
| | (−1.54) | (−1.40) | (−1.47) | (−1.31) |
| Size | **0.162**\*\*\* | **0.161**\*\*\* | **0.158**\*\*\* | **0.164**\*\*\* |
| | (3.83) | (3.83) | (3.65) | (3.88) |
| Roa | −0.103 | −0.105 | −0.108 | −0.112 |
| | (−1.33) | (−1.35) | (−1.41) | (−1.47) |
| Growth | −0.196 | −0.209 | −0.179 | −0.196 |
| | (−0.30) | (−0.32) | (−0.27) | (−0.30) |
| Lev | **−0.480**\*\* | **−0.456**\*\* | **−0.447**\*\* | **−0.436**\*\* |
| | (−2.33) | (−2.18) | (−2.13) | (−2.12) |
| Year | control | control | control | control |
| Industry | control | control | control | control |
| _cons | −3.397\*\*\* | −3.348\*\*\* | −3.288\*\*\* | −3.678\*\*\* |
| | (−3.96) | (−3.97) | (−3.76) | (−4.30) |
| N | 344 | 344 | 344 | 344 |
| F | 9.08\*\*\* | 12.04\*\*\* | 11.26\*\*\* | 8.69\*\*\* |
| $R^2$ | 0.2278 | 0.2243 | 0.2262 | 0.2422 |

注：括号内为 t 值，*、**、\*\*\* 分别代表 10%、5% 和 1% 的显著性水平。

以上检验结果表明，政治治理程度与公司治理水平呈倒"U"形关系，验证了假设 4，即公司治理水平会随着政治治理程度先上升后下降。政治治理存在一个最优的水平，在这个最优水平上，公司治理能发挥的效应最大，因此，本书认为，寻找政治治理最优水平是实现公司治理水平提升的关键。本书的结果支持了李稻葵（1999）和 Qian（2000）的观点，即行政手段在一定程度上可以有效发挥作用，取消党组织对公司治理的参与并不利于公司治理水平的提高。本章的结论为"党管国企"提供了在企业微观层面上的证据支持。

### （二）稳健性检验

1. 样本选择偏差问题

同样，为了避免样本的选择性偏差问题，本章与第五章、第六章一样，采用 Heckman 两阶段回归法（Heckman，1979），将样本选择的调整项引入回归方程之中，以减少和避免样本的偏误问题。Heckman 两阶段法的回归模型和前面一致，仍然使用母公司是否为集团公司（用 Group 表示，如果第一大股东为集团公司，则认为上市公司附属于企业集团，赋值为 1，否则为 0）以及最终控制人是国资委还是政府部门（用 Controltype 表示，最终控制人为政府取 1，为国资委取 0）两个变量作为外生性工具变量。工具变量的有效性检验与前面相同，本章不再赘述。

表 7.5 列示了用 Heckman 两阶段法计算的政治治理程度对公司治理水平的回归结果，其中（1）选择模型报告了 Heckman 模型第一阶段的计量结果。估计结果显示，母公司是集团公司会降低政治治理程度，最终控制人是政府的公司相对于最终控制人是国资委的公司，政治治理程度更低，与前面两章的回归结果保持一致。模型（2）报告了 Heckman 第二阶段的回归结果。结果显示在加入了 imr 之后，政治治理程度的平方项（Party$^2$）以及一次项（Party）的系数与前面普通最小二乘法的估计结果一致并显著，即政治治理程度与公司治理水平呈倒"U"形关系，验证了假设 4，

结果具有较强的稳健性。

表 7.5　　　　公司治理水平的 Heckman 模型计量结果

|  | （1）选择模型<br>（Probit 模型） | （2）<br>CG |
|---|---|---|
| Controltype | −0.404*** | |
|  | (−3.35) | |
| Group | −0.201** | |
|  | (−2.32) | |
| Party | | 2.712*** |
|  | | (2.77) |
| $Party^2$ | | −3.842** |
|  | | (−2.39) |
| PC | 0.176** | −0.146* |
|  | (2.07) | (−1.68) |
| Size | 0.216*** | 0.122** |
|  | (5.21) | (2.25) |
| Growth | −0.0380*** | −0.105 |
|  | (−10.67) | (−1.35) |
| Roa | −0.0598*** | −0.148 |
|  | (−4.44) | (−0.22) |
| Lev | −0.568** | −0.297 |
|  | (−2.12) | (−1.19) |
| imr | | −0.332 |
|  | | (−1.01) |
| Year | control | control |
| Industry | control | control |
| _cons | −5.037*** | −2.367 |
|  | (−5.54) | (−1.66) |
| N | 1 483 | 344 |
| F/Chi2 | 246.85*** | 8.25*** |
| $R^2$/Pseudo $R^2$ | 0.2294 | 0.2451 |

注：选择模型（1）括号内为 z 值，（2）括号内为 t 值，*、**、*** 分别代表 10%、5% 和 1% 的显著性水平。

2. 其他稳健性检验

与第五章和第六章的稳健性检验一样，除了以上用 Heckman 两阶段法解决样本选择性问题外，本章还从以下两个主要部分进行了稳健性检验。第一部分，替换公司治理水平变量。本章以白重恩（2005）中所用的 CEO 是否兼任董事会主席或副主席、外部董事的比例、高管人员的持股量、第一大股东持股量、第二至第十大股东持股集中度等五项指标主成分分析拟合后的结果代替公司治理指数（CG），结果无实质性差异；第二部分，用政治关联董事占全部董事的比例 RPC 以及政治关联级别 PCJB（根据与公司董事长或总经理建立政治关联的政府机构的行政级别是否为中央、省级、市级或者县级四类而设定政治关联级别，分别为 4、3、2、1；如果没有政治关联，则为 0）替代政治关联指标，用总经理是否为党员代替政治身份指标，回归结果均无实质性差异。限于篇幅，上述稳健性检验未报告结果。

综上所述，本章分析国有上市公司中政治治理对公司治理的影响。笔者发现，党委会在不同的"双向进入"程度下发挥的治理效应不尽相同，这是因为国有企业承担的三种成本——代理成本、薪酬成本、雇佣成本会随着党委会"双向进入"的程度呈现此消彼长的变化，最终企业的政治治理存在着一个最优的治理水平，发挥最好的公司治理效应。

## 第八章
## 研究结论及展望

本章是本书的最后一个章节,将对全书的研究发现进行归纳和总结,并在此基础上提出相应的政策启示和建议,而后指出本书在研究中可能存在的不足之处和后续研究的方向。

## 第一节 研究结论与启示

### 一、研究结论

本书结合我国国有企业公司治理的最大特点,通过分析国有企业政治治理对企业的影响,试图对政治治理的作用机制、作用效果进行探索。本书得到的主要结论如下:

第一,我国国有上市公司中,政治治理有助于对经理人行为产生制约,抑制内部人控制问题产生的代理成本,这种作用随着政治治理程度的深入而逐渐加大。本书的结果进一步支持了卢昌崇(1994)、李稻葵(1999)和Qian(2000)的观点,即党的人事任免权是国有企业内部人控制的最重要的平衡力量,党组织部门会对经理人员追求私利行为构成严重的制衡。党委会作为我国政治制度在国民经济基层单位的具体体现,在监督和制衡经营者、把握企业发展方向上发挥着不可替代的作用。

第二,国有企业政治治理,不但降低了公司高管人员的绝对薪酬,还抑制了高管攫取超额薪酬的行为,降低了高管与普通员工之间的薪酬差距。这表明我国国有企业中党委会的存在,尤其是党委会通过"双向进入、交叉任职"的领导体制进入公司董事会、监事会以及管理层后,既是公司高管又是党委成员的双重身份,使得高管可能出于政治晋升的动机而积极响应国家的"限薪令"等相关政策,主动抑制自身薪酬的增长,凸显政治上的表率作用,表现出管家角色功能。

第三,我国国有上市公司中,政治治理会增加公司雇用员工的数量,提供更多的就业机会,维护社会稳定。本书验证了其对国有企业雇佣行为的影响。

第四，政治治理程度与公司治理水平呈倒"U"形曲线关系，即公司治理水平会随着政治治理程度的增加先上升后下降。说明党委会在不同的治理程度下发挥的治理效应是不同的，这是因为国有企业承担的代理成本、薪酬成本以及雇用成本会随着党委会治理程度的变化呈现出此消彼长的变化，并最终在综合成本的影响下呈现出倒"U"形变化，存在着一个最优的政治治理程度，发挥最好的公司治理效应。

## 二、政策建议

本书的研究为理解政治影响公司治理范畴提供了更为细致的线索，并对于当前国企改革的深化和推进有着重要的理论和政策意义：

第一，应制定相应的法律法规对政治治理的具体内容和方式进行详细的界定。我国法律法规中多次强调党组织在企业中发挥领导核心和政治核心作用，但如何发挥，以及政治核心与经济决策之间的关系如何厘清，一直以来都是困扰着国有企业的一大问题。处理好董事会和党委会的相互关系，完善法人治理结构决策机制，需要明确党委会与董事会的职能定位与边界。我国法律对于党组织参与公司治理的具体内容的规定是宽泛而不具体的，缺乏相应的法律法规对各方之间的权限和责任进行明确规定和划分，党组织参与公司重大决策的原则、内容和方式等应进一步细化，明确其参与决策的目标和议事程序。党组织参与公司治理程序制度化和规范化有助于协调各方之间的工作，确保党组织的领导核心和政治核心地位的同时，其治理职能也能得到充分发挥。此外，企业在考虑党组织参与公司治理的程度时，还需要结合企业的实际情况，如企业在国民经济中的地位、公司的股权构成情况、是否为上市公司等，不同的公司特征也会对党组织在公司治理中的效应发挥产生影响。

第二，党组织能够通过"党管干部"以及参与决策等方式影响企业薪酬激励机制，因此，有必要进一步关注高管薪酬契约的制定和执行过程，讨论如何真正建立起能发挥效力的高管薪酬激励机制。目前我国国有企业经营者收入水平普遍偏低，收入形式与期望不符，责任与风险不相称，并且不同企业经营者薪酬差距较大。结合我国国有企业的实际情况，经营者薪酬应该如何制定才能最大限度地激励经营者发挥最大潜力，薪酬限制是否会抑制经营者的积极性，并促使他们以其他形式弥补薪酬的不足，都是需要我们关注的问题。

第三，对于通过"双向进入"体制同时进入党委会与董事会的成员，要坚持"干部评价"与"经济评价"相结合的"双评"体系。党委委员与董事有着不同的评价标准，身份重合的特殊性决定了需要从不同的角度对其行为进行评价。一方面作为进入董事会的党委委员，应坚持"党管干部"原则，通过"干部评价"发挥考核的激励性和导向性作用，另一方面对其具备的董事身份，重点从工作表现和实绩方面按照董事会的"经济评价"标准进行评价，引导其经营方向和经营行为。应将"双评"体系相结合，共同建立全面、客观、科学的评价体系。

## 第二节　研究局限及展望

### 一、研究局限

由于本人研究能力和条件所限，本书在研究中仍然存在很多的局限和不足，需要在以后的研究中逐步克服和完善。

第一，本书对政治治理程度这一指标的衡量是从党委会与董事会、监事会以及管理层之间的"双向进入、交叉任职"这一领导体制出发的，虽然考虑了组织成员之间的交叉重合情况,但政治治理对公司治理以及公司决策的影响应该是多方面且紧密相关的,寻找更加科学、全面的度量方法是笔者需要进一步探讨的。

第二,由于公司董事、监事以及管理人员在党委会的任职情况并不是年报强制披露的内容,致使本书的样本收集比较困难,样本数量仍不够多,无法进行更为细致的分析,后期也将尝试进一步扩充样本。

## 二、研究展望

本书的研究只是做了一些尝试性的工作,仍然存在较多值得改进和继续研究的地方,未来将尝试从以下几个方面做进一步的研究:

第一,本书在研究政治治理影响企业行为时,主要以经理人的代理问题、薪酬机制以及雇员规模几个方面为切入点。未来可以进一步研究政治治理影响企业的其他方面,为验证政治治理影响企业行为这一路径提供更多的线索和证据。

第二,本书对国有上市公司中高管薪酬的研究还比较粗浅,只是检验了政治治理对高管绝对薪酬、超额薪酬和薪酬差距的影响,未来可以进一步研究其对薪酬业绩敏感性、薪酬黏性以及高管私有收益问题的影响情况,使研究更加深入和全面。

第三,由于数据限制,本书仅运用静态的横截面数据验证了本书所提出的政治治理的相关论点,随着时间的延长,上市公司政治治理的作用会越加凸显,相关的信息披露会更加健全,因此,未来可以通过动态的研究数据进一步检验政治治理这一现象的影响效应。

第四,政治治理除了影响企业行为和决策外,其对董事会、监事会以及管理层职能的发挥以及运行效果也有可能产生替代或互补,未来可以在这一方面加大研究力度,进一步深化和完善该领域的相关研究。

# 参 考 文 献

[1] Acemoglu D., Johnson S., Robinson J. A.. The Colonial Origins of Comparative Development: An Empirical Investigation [J]. American Economic Review, 2001, 91: 1369 -1401.

[2] Acemoglu D., Robinson J. A.. Institutions as the Fundamental Cause of Long -Run Growth [J]. Handbook of Economic Growth, 2005, 1: 385 -472.

[3] Adam Smith. The Wealth ofNations [M]. 1776.

[4] Adams H. C.. Relation of the State to Industrial Action [J]. Publications of the American Economic Association, 1887, 1: 7 -85.

[5] Aggarwal R. K., Meschke, F., Wang T. Corporate Political Contribution: Investment or Agency [J]? Working paper, University of Minnesota, 2007.

[6] Ajay Adhikari, Chek Derashid, Hao Zhang. Public Policy, Political Connections and Effective Tax Rates: Longitudinal Evidence From Malaysia [J]. Journal of Accounting and Public Policy, 2006, 25: 574 -595.

[7] Alchian A. A. the Basis of Some Recent Advances in the Theory of Management of the Firm [J]. the Journal of Industrial Economics, 1965, 14 (1): 30 -41.

[8] Alesina A., Perotti R. Income Distribution, Political Instability and

Investment. European Economic Review, 1996, 40: 1203 -1228.

［9］ Allen F. , Qian J. Corruption and Competition ［J］. Working Paper, University of Pennsylvania and Boston College, 2007.

［10］ Allen F. , Qian J. , Qian M. J. Law, Fiance, and Economic Growth in China ［J］. Journal of Financial Economics, 2005, 77: 57 -116.

［11］ Angrist J. , Alan. K. . Instrumental Variables and the Search for Identification: From Supply and Demand to Natural Experiments ［J］. Journal of Economic Perspectives, 2001, 15: 69 -85.

［12］ Ang J. , Cole R. , Lin J. . Agency Costs and Ownership Structure ［J］. Journal of Finance, 2000, 60: 81 -106.

［13］ Bai C. E. , Lu J. Y. , Tao Z. G. Property Rights Protection and Access to Bank Loans: Evidence from Private Enterprises in China ［J］. Economics of Transition, 2006, 14: 611 -628.

［14］ Barro R. J. Government Spending in a Simple Model of Endogenous Growth ［J］. Journal of Political Economy, 1990, 98: 103 -125.

［15］ Becker G. , Stigler G. Law Enforcement, Malfeasance and the Compensation of Enforcers ［J］. Journal of Legal Studies, 1974, 3: 1 -19.

［16］ Bertrand M. , Kramarz F. , Schoar A. , et al. . Politically Connected CEOs and Political Business Cycle: Evidence from France ［J］. Working Paper, University of Chicago and MIT, 2006.

［17］ Bertrand M. , Mehta P. , Mullainathan S. Ferreting out Tunneling: an Application to Indian Business Groups ［J］. Quarterly Journal of Economics, 2002, 118: 121 -148.

［18］ Besley T. , Burgess R. The Political Economy of Government Responsiveness: Theory and Evidence from India ［J］. Quarterly Journal of Economics, 2002, 117: 1415 -1451.

[19] Bill B. Francis, Iftekhar Hasan, Xian Sun. Political Connections and the Process of Going Public: Evidence from China [J]. Journal of International Money and Finance, 2009, 28: 696 -719.

[20] Blanchard O., Shleifer A. Federalism with and without Political Centralization: China versus Russia [J]. NBER Working Paper No. 7616, 2000, 3.

[21] Blair, Margaret. Ownership and Control: Rethinking Corporate Governance for the 21 Century [M]. Washington: the Brookings Institution, 1995.

[22] Bloom N., Floetotto M, Jaimovich N. Really Uncertain Business Cycles [J]. Working Paper, Stanford University, 2008.

[23] Bodenheimer E. Jurisprudence: the philosophy and Method of Law [M]. Cambridge, Massachusetts, Harvard University Press, 1962.

[24] Boubakri M., J. C. Cosset, W. Saffar. Political Connections of Newly Privatized Firms [J]. Journal of Corporate Finance, 2008, 14 (5): 654 -673.

[25] Boycko M., Shleifer A., Vishny R. W. A Theory of Privatisation [J]. the Economic Journal, 1996, 106: 309 -319.

[26] Boyreau -Debray G., Wei S. J. Pitfalls of State, Dominated Financial System, the Case of China [J]. NBER Working Paper, 11214, 2005.

[27] Brockman P., Chung D. Y. Investor Protection and Firm Liquidity [J]. Journal of Finance, 2003, 58: 921 -937.

[28] Burgess J. G. H. The Economics of Regulation and Antitrust [J]. New York, Harper Collins College Publishers, 1995.

[29] Bunkanwanicha Wiwattanakantang. Big Business Owners in Political [J]. Review of Financial Studies, 2009, 22 (6): 2122 -2168.

[30] Burkart M., Gromb D., Panunzi F. Why Higher Takeover Premia

Protect Minority Shareholders [J]. Journal of Political Economy, 1998, 106: 172 -204.

[31] Byrd J., Hickman K. Do Outside Directors Monitor Managers: Evidence from Tender Offer Bids [J]. Journal of Financial Economics, 1992, 32: 195 -221.

[32] Campbell D. E. A Matter of Faith: Religion in the 2004 Presidential Election [M]. Washington, DC: Brookings Institution Press, 2007.

[33] Carvalho D. R. The Real Effects of Government - owned Banks: Evidence from an Emerging Market [J]. SSRN Working Papers, 2010.

[34] Chaney P. K., Faccio M., Parsley D. C.. The Quality of Accounting Information in Politically Connected Firms [J]. Working paper, Vanderbilt University, 2007.

[35] Chang E. C., Wong S. M. L. Political Control and Performance in China's Listed Firms [J]. Journal of Comparative Economics, 2004, 32: 617 -636.

[36] Che Jiahua, Qian Yingyi. Insecure Property Rights and Government Ownership of Firms [J]. Quarterly Journal of Economics, 1998, 113 (2): 467 -496.

[37] Chen C. J. P., Li Z., Su X. Rent Seeking Incentives, Political Connections and Organizational: Empirical Evidence from Listed Family Firms in China [J]. Working paper, The Chinese University of Hong Kong, 2005.

[38] Cheung Y. L., Jing L., Rau P. R., et al.. How Does the Grabbing Hand Grab? Tunneling Assets from Chinese Listed Companies to the State [J]. Working Paper, City University of Hong Kong, 2006.

[39] Cheung Y. L., Jing L., Rau P. R., et al.. Tunneling, Propping and Expropriation: Evidence from Connected Party Transactions in Hong Kong

[J]. Journal of Financial Economics, 2006, 82: 343 -386.

[40] Chiu M. M., Joh S. W. Loans to Distressed Firms: Political Connections, Related lending, Business Group Affiliations, and Bank Governance [J]. Working Paper, Chinese University of Hong Kong, 2004.

[41] Chong A., Lopez-de-Silanes F.. Privatization and Labor Force Restructuring Around the World [J]. Working paper, The World Bank, 2002.

[42] Claessens S., Djankov S., Fan J. P. H. Disentangling the Incentive and Entrenchment Effects of Large Shareholdings [J]. Journal of Finance, 2002, 57: 2741 -2771.

[43] Claessens S., Djankov S., Lang L. H. P. The Separation of Ownership and Control in East Asian Corporations [J]. Journal of Financial Economics, 2000, 58: 81 -112.

[44] Claessens S., Feijen E., Laeven L. Political Connections and Preferential Access to Finance: The Role of Campaign Contributions [J]. Journal of Financial Economics, 2008, 88 (3): 554 -580.

[45] Cole, S. Fixing Market Failures or Fixing Elcetions? Agricultural Credit in India [J]. American Economic Journal: Applied Economics, 2009, 1: 219 -250.

[46] Cooper M. J., Gulen Huseyin, Ovtchinnikov Alexei V. Corporate political contributions and Stock Returns [J]. The Journal of Finance, 2010, 65 (2): 687 -724.

[47] Core J. E., Guay W., Larcker D. F. The power of Pen and executive Compensation [J]. Journal of Financial Economics, 2008, 88 (1): 1 -25.

[48] Cull R., Xu L. C. Who Gets Credit? The Behavior of Bureaucrats and State Banks in Allocating Credit to Chinese State -owned Enterprises [J].

Journal of Development Economics, 2003, 71: 533 -559.

[49] Cull R., Xu L. C.. Institutions, Ownership, and Finance: The Determinants of Profit Reinvestment Among Chinese Firms [J]. Journal of Financial Economics, 2005, 77: 117 -146.

[50] Delong J. B., Shleifer A.. Princes and Merchants: City Growth Brfore the Industrial Revolution [J]. Journal of Law and Economics, 1993, 36: 671 -702.

[51] Demsetz H. Towards a Theory of Property Right [J]. American Economic Review, 1967, 57: 61 -70.

[52] Dewenter K. L., Malatesta P. H. State - owned and Privately Owned Firms: An Empirical Analysis of Profitability, Leverage and Labor Intensity [J]. The American Economic Review, 2001, 91 (1): 320 -334.

[53] Dinc I. S. Politicians and Banks: Political Influences on Government -owned Banks in Emerging Countries [J]. Journal of Financial Economics, 2005, 77: 453 -479.

[54] Djankov S., Glaeser E., La Porta R., et al. The New Comparative Economics [J]. Journal of Comparative Economics, 2003, 31: 595 - 619.

[55] Djankov S., Murrell P. Enterprise Restructuring in Transition: a Quantitative Survey [J]. Journal of Economic Literature, 2002, 40: 739 -792.

[56] Durnev A. The Real Effects of Political Uncertainty: Elections and Investment Sensitivity to Stock Prices [J]. Working Paper, London School of Economics and Political Science, 2010.

[57] Earle J., Estrin S., Leshcenko L. Ownership Structure, Patterns of Control, and Enterprise Behavior in Russia [J]. Enterprise Restructuring and

Economic Policy in Russia, The World Bank, Washington DC, 1996: 205 - 252.

[58] Edward E. G., George S. B., David L. F., et al. Corporate Boards: Keys to Effectiveness [J]. Organizational Dynamics, 2002, 30 (4).

[59] E. E. Schattschneider. Party Government, New Brunswick and London [M]. Transaction Publishers, 2004. 4 -5.

[60] Eitan Goldman, Jorg Rocholl, Jongil So. Politically Connected Boards of Directors and the Allocation of Procurement Contracts [J]. Working Paper, 2001.

[61] Ely R. T.. Outlines of Economics [M]. New York, Macmillan, 1937.

[62] Eugene F. Fama, Michael C. Jensen.. Agency Problems and Residual Claims [J]. Journal of Law and Economics, 1983, 26 (2): 327 -349.

[63] Faccio M., Lang H. P. The Ultimate Ownership of Western European Corporations [J]. Journal of Financial Economics, 2002, 65 (3): 365 -395.

[64] Faccio M. Politically Connected Firms [J]. American Economic Review, 2006a, 96: 369 -386.

[65] Faccio M. The Characteristics of Politically Connected Firms [J]. Working Paper, Mimeo, Vanderbilt University, 2006.

[66] Faccio M., Masulis R. W., McConnell J. J. Political Connections and Corporate Bailouts [J]. Journal of Finance, 2006, 61: 2596 -2635.

[67] Faccio M., Parsley D. Sudden Death: Taking Stock of Political Connections [J]. Working paper, Vanderbilt University, 2006.

[68] Fan J. P. H, Rui M. O., Zhao M. Rent Seeking and Corporate Finance:Evidence from Corruption Cases [J]. Working paper, The Chinese University of Hong Kong, 2006.

[69] Fan P. H, Wong T. J. , Zhang T. Politically Connected CEOs, Corporate Governance, and Post - IPO Performance of China's Newly Partially privatized firms [J]. Journal of Financial Economics, 2007, 8 (2): 330 -357.

[70] Fan J. P. H, Rui M. O. , Zhao M. . Public Governance and Corporate Finance: Evidence from Corruption Cases [J]. Journal of Comparative Economics,2008, 36 (3): 343 -364.

[71] Farrer T. H. . The State in Its Relation to Trade [M]. London, Macmillan, 1902.

[72] Ferguson Thomas, Voth Hans - Joachim. Betting on Hitler - the value of Political Connections in Nazi Germany [J]. Quaterly Journal of Economics, 2008, 123 (1): 101 -137.

[73] Firth M. , Fung P. , Rui O. . Corporate Performance and CEO Compensation in China [J]. Journal of Corporate Finance, 2006, 12 (4): 693 -714.

[74] Fisman R. Estimating the Value of Political Connections [J]. American Economic Review, 2001, 91: 1095 -1102.

[75] Freeman RE, Reed DL. Stockholders and Stakeholders: a New Perspective on Corporate Governance [J]. California Management Review, 1983, 25.

[76] Frydman R. , Hessel M. , Rapaczynski A. Why Ownership Matters? Politicization and Entrepreneurship in the Restructuring of Enterprises in Central Europe [J]. C. V. Starr Center For Applied Economics, NYU, Research Report 14, 1998.

[77] Getz D. Encyclopedia of Hospitality and Tourism [J]. Van Nostrand Reinhold, New York, NY, 1993: 789 -810.

[78] Glaeser E. L., Rafael La Porta, Florencio Lopez – de – Silanes et al.. Do Institution Cause Growth [J], NBER Working Paper 10568, http://www.nber.org/papers/w10568, 2004.

[79] Goldman E., Rocholl J., So J. Does Political Connectedness Affect Firm Value [J]? Working paper, University of North Carolina at Chapel Hill, 2006.

[80] Groves T., Hong Y., McMillan J. et al.. China's Evolving Managerial Labor Market [J]. Journal of Political Economy, 1995, 103: 873 –892.

[81] Hampel Committee on Corporate Governance. Hampel Report on Corporate Governance (published on 29 January 1998). the European Corporate Governance Institute's (ECGI) website, 1998.

[82] Hardin G.. The Tragedy of the Commons [J]. Science, 1968, 162: 1243 –1248.

[83] Heckman James J.. Sample Selection Bias as a Specification Error [J]. Econometrica, 1979, 47: 153 –161.

[84] Hellman J., Schankerman M. Intervention, Corruption and Capture: The Nexus Between Enterprise and the State [J]. Economics of Transition, 2000, 8 (3): 545 –576.

[85] Hung Mingyi, Wong T. J., Zhang Tianyu. Political Relations and Overseas Stock Exchange Listing: Evidence from Chinese State – owned Enterprises [J]. SSRN Working Paper, 2008.

[86] Huntington S. P.. Political Order in Changing Societies [M]. New Haven: Yale University Press, 1968.

[87] Imai, M. Political Determinants of Government Loans in Japan [J]. Journal of Law and Economics, 2009, 52: 41 –70.

[88] Jayachandran Seema. The Jeffords Effect [J]. Journal of Law and

Economics,2006, 49 (2).

[89] Jensen M.. Agency Costs of Free Cash Flow, Corporate Finance and Takeovers [J]. American Economic Review, 1986, 76: 323 −329.

[90] Jensen M., Meckling W. Theory of the Firm: Managerial Behavior, Agency Cost and Ownership Structure [J]. Journal of Financial Economics, 1976, 3 (4): 305 −360.

[91] Ji Y. China's Enterprise Reform: Changing State/Society Relations after Mao [M]. Routledge, London, 1998.

[92] Jin Hebui, Qian Yingyi, Weingast Barry R. Regional Decentralization and Fiscal Incentives: Federalism, Chinese style [J]. Journal of Public Economics,2005, 89: 1719 −1742.

[93] Johnson S., La Porta R., Lopez-de-Silanes F., et al.. Tunneling [J]. American Economic Review, 2000, 90: 22 −27.

[94] Johnson S., Mitton T. Cronyism and Capital Controls: Evidence form Malaysia [J]. Journal of Financial Economics, 2003, 67: 351 −382.

[95] Jones B., Olken B. Do Leaders Matter? National Leadership and Growth Since World War II [J]. Quarterly Journal of Economics, 2005, 120: 835 −864.

[96] Julio B., Yook Y. Political Uncertainty and Corporate Investment Cycles [J]. Journal of Finance, 2012, 67 (1): 45 −83.

[97] Khwaja A. I., Mian A. Do Lenders Favor Politically Connected Firms? Rent Seeking in an Emerging Financial Market [J]. Quarterly Journal of Economics, 2005, 120: 1371 −1411.

[98] Klitgaard R. Controlling Corruption [M]. Berkeley, CA: University of California Press, 1988.

[99] Knight B. Are Policy Platforms Capitalized into Equity Prices? Evi-

dence from the Bush/Gore 2000 Presidential Election [J]. Journal of Public Economics,2007, 91: 389 -409.

[100] Kornai J. Economics of Shortage [M]. Amsterdam: North Holland, 1980.

[101] Kornai J., Maskin E., Roland G.. Understanding the Soft Budget Constraint [J]. Journal of Economic Literature, 2003, 41 (4): 1095 -1136.

[102] Kornai J.. The Socialist System: The Political Economy of Communism [M]. Princeton, NJ: Princeton University Press, 1992.

[103] Laffont J. J. , Tirole J. A theory of Incentives in Procurement and Regulation [M]. MIT Press, Cambridge, MA. , 1993.

[104] La Porta R. , Lopez - de - Silanes F. , Shleifer A. , et al. Law and Finance [J]. Journal of Political Economy, 1998, 106: 1113 -1155.

[105] La Porta R. , Lopez - de - Silanes F. , Shleifer A.. Corporate Ownership Around the World [J]. Journal of Finance, 1999, 54: 471 -518.

[106] La Porta R. , Lopez - de - Silanes F, Shleifer A.. Government Ownership of Banks [J]. Journal of Finance, 2002, 57: 256 -301.

[107] La Porta R. , Lopez - de - Silanes F. , Shleifer A. , et al.. Agency Problems and Dividend Policies Around the World [J]. Journal of Finance, 2000, 55: 1 -33.

[108] Lee C. W. , Xiao X. Cash Dividends in China: Earnings Management, Liquidating, and Tunneling [J]. Working paper, Tulane University, New Orleans, 2004.

[109] Leff N. H. Economic Development Through Bureaucratic Corruption [J]. American Behavioral Scientist, 1964, 82: 337 -341.

[110] Leone A. , Wu J. , Zimmerman J. Asymmetric Sensitivity of CEO

Cash Compensation to Stock Returns [J]. Journal of Accounting and Economics, 2006, 42: 167 -192.

[111] Lewellen W. G. , Huntsman B. Managerial pay and Corporate Performance [J]. The American Economic Review, 1970, 60 (4): 710 -720.

[112] Leuz C. , Gee F. Political Relationships, Global Financing and Corporate Transparency: Evidence from Indonesia [J]. Journal of Financial Economics,2006, 81: 411 -439.

[113] Li D. Insider Control vs. Government Control: A Study of China's State Enterprise Reform [J]. Manuscript. Department of Economics, Hong Kong University of Science and Technology, Hong Kong, 2000.

[114] Li Hongbin, Meng Lingsheng, Wang Qian, et al. . Political Connections, Financing and Firm Performance: Evidence from Chinese Private Firms [J]. Journal of Development Economics, 2008, 87: 283 -299.

[115] Li H. , Meng L. , Zhang J. Why Do Entrepreneurs Enter Politics [J]. Economic Inquiry, 2006, 44: 559 -578.

[116] Li H. , Zhou L. A. Political Turnover and Economic Performance: The Incentive Role of Personnel Control in China [J]. Journal of Public Economics, 2005, 89: 1743 -1762.

[117] Lin J. Y. , Cai F. , Li Z. Competition, Policy Burdens, and State - Owned Enterprise Reform [J]. American Economic Review, 1998, 88: 422 -427.

[118] Lindbeck A. Swedish Economic Policy [M]. London: MacMillan Press, 1957.

[119] Liu T. Institutional Investor Protection and Political Uncertainty: Evidence form Cycles of Investment and Elections [J]. Working Paper, Concordia University, 2010.

[120] Lu Yi. Political Connections and Trade Expansion: Evidence from Chinese Private Firms [J]. Economics of Transition, 2011, 19 (2): 231 – 254.

[121] Lui F. T. An Equilibrium Queuing Model of Bribery [J]. Journal of Political Economy, 1985, 93 (4), 760 –781.

[122] Mankiw N. G.. Principles of Economics [M]. Fort Worth, Texas, Dryden Pres, 1997.

[123] Mauro P.. Corruption and Growth [J]. Quarterly Journal of Economics, 1995, 110: 681 –712.

[124] McGregor R. The Little Red Book of Business in China [J]. Financial Times, 2001, 8, July.

[125] McGuire J. W., Chiu S. Y., Elbing A. O. Executive Incomes, Sales and Profits [J]. The American Economic Review, 1962, 52 (4): 753 –761.

[126] McMillan J., Woodruff C. The Center Role of Entrepreneurs in Transition Economies [J]. Journal of Economic Perspectives, 2002, 16: 153 –170.

[127] Megginson W. L., Netter J. M. From State to Market: A Survey of Empirical Studies on Privatization [J]. Journal of Economic Perspectives, 2001, 39: 321 –389.

[128] Micco A., U. Panizza, M. Yanez. Bank Ownership and Performance: Does Politics Matter [J]? Journal of Banking and Finance, 2007, 31: 219 –241.

[129] Michael C. Jensen, William H. Meckling. Theory of the Firm: Managerial Behavior, Agency Costs and Ownership Structure [J]. Journal of Financial Economics, 1976, 3 (4): 305 –360.

[130] Mill J. S.. Principles of Political Economy with Some of Their Applications to Social [M]. London, Longmans, Green and Co., ed., 1848.

[131] Murphy K. J.. Corporate Performance and Managerial Remuneration: an Empirical Analysis [J]. University of Rochester, Rochester, NY 14627, 1985.

[132] Niessen Alexandra, Ruenzi Stefan. Political Connectedness and Firm Performance: Evidence from Germany [J]. German Economic Review, 2010, 11 (4): 441 -464.

[133] North D.. Structure and Change in Economic History [M]. New York: Norton Co., 1981.

[134] North D. Institutions, Institutional Change and Economic Performance [M]. Cambridge University Press, 1990.

[135] North D., Thomas R. The Rise of the Western World: A New Economics History [M]. Cambridge University Press, 1973.

[136] Organization for Economic Cooperation and Development: OECD. OECD Principles of Corporate Governance [M]. 1999, June.

[137] Pindyck R., Solimano A. Economic Instability and Aggregate Investment [J]. NBER Macroeconomics Annual, 1993, 8: 259 -303.

[138] Qian Yingyi. Reforming Corporate Governance and Finance in China [J]. Corporate Governance in Transitional Economies, World Bank, Washington DC, 1995.

[139] Qian Yingyi. Enterprise Reform in China: Agency Problems and Political Control [J]. Economic of Transition, 1996, 4.

[140] Qian Yingyi. Government Control in Corporate Governance as A Transitional Institute: Lesson from China [J]. Working Paper, University of Maryland, 2000.

[141] Qian Y., Xu C.. The M-form Hierarchy and China's Economic Reform [J]. European Economic Review, 1993, 1 (2): 541-548.

[142] Qian Y., Roland G.. Federalism and the Soft Budget Constraint [J]. American Economic Review, 1998, 88: 1143-1162.

[143] Rajan R., Zingales L. Which Capitalism? Lessons from the East Asian Crisis [J]. Journal of Applied Corporate Finance, 1998, 11: 40-48.

[144] Rauch J., Evans P. Bureaucratic Structure and Bureaucratic Performance in Less Developed Countries [J]. Journal of Public Economics, 2000, 75: 49-71.

[145] Rothschild M., Stiglitz J. E. Equilibrium in Competitive Insurance Markets: an Essay on the Economics of Information [J]. Quarterly Journal of Economics, 1976, 90: 630-649.

[146] Sachs J. D., Warner A. M. Economic Reform and the Process of Global Integration [J]. Brookings Papers on Economic Activity, 1995, 1: 1-118.

[147] Sapienza Paola. The Effects of Government Ownership on bank Lending [J]. Journal of Financial Economics, 2004, 72 (2): 357-384.

[148] Shanghai Stock Exchange. The Corporate Governance of China's Listed Firms [J]. Shanghai Stock Exchange, Shanghai, 2000.

[149] Shleifer Andrei, Robert W. Vishny. Politicians and Firms [J]. Quarterly Journal of Economics, 1994, 109.

[150] Shleifer A., Vishny R., Survey of Corporate Governance [J]. Journal of Finance, 1997, 52: 737-783.

[151] Shleifer A., Vishny R. Corruption [J]. Quarterly Journal of Economics, 1993, 108: 599-617.

[152] Shleifer A., Vishny R. The Grabbing Hand: Government Pathologies and their Cures [M]. Harvard University Press, Cambridge, 1998.

[153] Shleifer A., Vishny R. How Does Privatization Work? Evidence from Russian Shops [J]. Journal of Political Economy, 1996, 104: 764 – 790.

[154] Sonja O., Wong S. M. L., Hu Ruyin. Party Power, Market and Private Power: Chinese Communist Patry Persistence in China's Lusted Companies [J]. The Future of Market Transition, 2002, 19: 105 –138.

[155] Sun Q., Tong W. H. S. China Share Issue Privatization: The Extent of Its Success [J]. Journal of Financial Economics, 2003, 70: 183 –222.

[156] Svensson J.. Eight Questions about Corruption [J]. Journal of Economic Perspectives, 2005, 19: 19 –42.

[157] Tao Y. F. Rationalization of Political Business Cycle in China [J]. The International Conference on the Rise of China Revisited: Perception and Reality, Institute of International Relations, National Chengchi University, 2003.

[158] Tao Y. F. Rationalization of Political Business Cycle in China [J]. Working Paper, 2004.

[159] Tella R. D., Weinschelbaum F.. Choosing Agents and Monitoring Consumption: A Note on Wealth as a Corruption – Controlling Device [J]. NBER Working Papers, Harvard Business School, 2007.

[160] Tenev S., Zhang Chunlin. Corporate Governance and Enterprise Reform in China: Building the Institution of Modern Market [J]. World Bank and the International Finance Corporation, Washington, DC., 2002.

[161] Treisman D.. The Causes of Corruption: A Cross – National Study [J]. Journal of Public Economics, 2000, 76: 399 –457.

[162] Vining A. R., Boardman A. Ownership Versus Competition: Efficiency in Public Enterprise [J]. Public Choice, 1992, 73: 205 –239.

[163] Wong S. M. L. , Sonja O. , Hu Ruyin. Shareholding Structure, Depoliticization and Enterprise Performance: Evidence from China's Listed Firms [J]. Economics of Transition, 2004, 12 (1): 29 -66.

[164] World Bank. China's Management of Enterprise Assets: The State as Shareholder [J]. World Bank, Washington, DC. , 1997.

[165] Xu Chenggang. The Fundamental Institutions of China's Reforms and Development [J]. Journal of Economic Literature, 2011, 49: 1076 -1151.

[166] Xu L. C. , Zhu T. , Lin Y. . Political Control, Agency Problems and Ownership Reform: Evidence from China [J]. Working Paper No. 233, Center for Economic Development, Hong Kong University of Science and Technology, Hong Kong, 2002.

[167] Yonce Adam. Uncertain Growth Cycles, Corporate Investment and Dynamic Hedging [J]. UC Berkeley: Business Administration, Ph. D. Program, 2010, Retrieved from: http://escholarship.org/uc/item/38p0r10v.

[168] Yermack, D. Remuneration, Retention and Reputation Incentives for Outside Directors [J]. Journal of Finance, 2004, 59 (5): 2281 -2308.

[169] 白重恩, 刘俏, 陆洲等. 中国上市公司治理结构的实证研究 [J]. 经济研究, 2005 (2): 81 -91.

[170] 白云霞, 吴联生. 信息披露与国有股权私有化中的盈余管理 [J]. 会计研究, 2008 (10): 37 -45.

[171] 陈冬华. 地方政府、公司治理与补贴收入——来自我国证券市场的经验证据 [J]. 财经研究, 2003 (9): 15 -21.

[172] 陈冬华, 陈信元, 万华林. 国有企业中的薪酬管制与在职消费 [J]. 经济研究, 2005 (2): 92 -101.

[173] 陈爽英, 井润田, 龙小宁等. 民营企业家社会关系资本对研发投资决策影响的实证研究 [J]. 管理世界, 2010 (1): 88-97.

[174] 陈湘永, 张剑文, 张伟文. 我国上市公司"内部人控制"研究 [J]. 管理世界, 2000 (4): 103-109.

[175] 陈信元, 黄俊. 政府干预、多元化经营与公司业绩 [J]. 管理世界, 2007 (1): 92-97.

[176] 陈钊, 陆铭. 中国所有制结果调整的理论和实证分析 [M]. 太原: 山西经济出版社, 2003.

[177] 程仲鸣, 夏新平, 余明桂. 政府干预、金字塔结构与地方国有上市公司投资 [J]. 管理世界, 2008 (9): 37-47.

[178] 崔之元. 美国二十九个州公司法变革的理论背景 [J]. 经济研究, 1996 (4): 35-40.

[179] 代彬, 刘星, 郝颖. 高管权力、薪酬契约与国企改革——来自国有上市公司的实证研究 [J]. 当代经济科学, 2011, 33 (4): 90-98.

[180] 董学群. 浅析党委在国有企业公司治理结构中的作用 [J]. 煤炭经济研究, 2009 (7): 56-57.

[181] 豆建民. 中国公司制思想研究 [M]. 上海财经大学出版社, 1999.

[182] 杜兴强. "内部人控制"及其防范——会计人员委派制的作用 [J]. 经济评论, 2000 (3): 116-118.

[183] 杜兴强, 王丽华. 高层管理当局薪酬与上市公司业绩的相关性实证研究 [J]. 会计研究, 2007 (1): 58-65.

[184] 杜兴强, 曾泉, 杜颖杰. 政治联系、过度投资与公司价值——基于国有上市公司的经验证据 [J]. 金融研究, 2011 (8): 93-110.

[185] 方军雄. 政府干预、所有权性质与企业并购 [J]. 管理世界, 2008 (9): 118-123.

[186] 方军雄. 我国上市公司高管的薪酬存在粘性吗 [J]？经济研究, 2009 (3): 110-124.

[187] 费方域. 控制内部人控制——国企改革中的治理机制研究 [J]. 经济研究, 1996 (6): 31-39.

[188] 郭熙保, 罗知. 贸易自由化、经济增长与减轻贫困——基于中国省际数据的经验研究 [J]. 管理世界, 2008 (2): 15-24.

[189] 郭正模, 李晓梅. 工资收入差距与政府宏观调控 [J]. 社会科学研究, 2006 (3): 39-42.

[190] 韩旭. 国有企业中党的政治优势问题思考 [J]. 理论与改革, 1999 (5): 63-66.

[191] 黄枫, 甘犁. 过度需求还是有效需求？城镇老人健康与医疗保险的实证分析 [J]. 经济研究, 2010 (6): 105-119.

[192] 黄俊, 陈信元. 集团化经营与企业研发投资——基于知识溢出与内部资本市场视角的分析 [J]. 经济研究, 2011 (6): 80-92.

[193] 黄兴孪, 沈维涛. 政府干预、内部人控制与上市公司并购绩效 [J]. 经济管理, 2009 (6): 70-76.

[194] 胡永平, 张宗益. 高管的政治关联与公司绩效: 基于国有电力生产上市公司的经验 [J]. 中国软科学, 2009 (6): 128-137.

[195] 贾明, 张喆. 高管的政治关联影响公司慈善行为吗 [J]？管理世界, 2010 (4): 99-113.

[196] 蒋铁柱, 沈桂龙. 企业党建与公司治理的融合 [J]. 社会科学, 2006 (1): 144-153.

[197] 蒋铁柱. 论企业党建与公司治理和谐发展的制度创新 [J]. 社会科学, 2007 (7): 31-39.

[198] 雷光勇, 李帆, 金鑫. 股权分置改革、经理薪酬与会计业绩敏感度 [J]. 中国会计评论, 2010 (1): 17-30.

[199] 李稻葵. 政府控制转型过程中的国有企业所引起的成本和收益: 来自中国的证据. 工作论文 [J], 密歇根大学, 1999.

[200] 李世辉, 雷新途. 两类代理成本、债务治理及其可观测绩效的研究——来自我国中小上市公司的经验证据 [J]. 会计研究, 2008 (5): 30 -37.

[201] 李维安. 国有企业经济型治理机制的构建 [M]. 21世纪的天津科技与经济, 天津市科学技术协会编, 1999.

[202] 李维安. 国际经验与企业实践——制定适合国情的中国公司治理原则 [J]. 南开管理评论, 2001 (1): 4 -8.

[203] 李维安, 唐跃军. 上市公司利益相关者治理机制、治理指数与企业业绩 [J]. 管理世界, 2005, Vol (9): 127 -136.

[204] 李毅中. 增强新形势下国有企业党建工作的活力和实效 [J]. 党建, 2004 (10): 6 -7.

[205] 李增泉. 激励机制与企业绩效——一项基于上市公司的实证研究 [J]. 会计研究, 2000 (1): 24 -30.

[206] 李增泉, 孙铮, 王志伟. 掏空与所有权安排——来自我国上市公司大股东资金占用的经验证据 [J]. 会计研究, 2004 (12): 3 -14.

[207] 李增泉, 余谦, 王小坤. 掏空、支持与并购重组——来自我国上市公司的经验证据 [J]. 经济研究, 2005 (1): 95 -105.

[208] 梁建, 陈爽英, 盖庆恩. 民营企业的政治参与、治理结构与慈善捐赠 [J]. 管理世界, 2010 (7): 109 -118.

[209] 林毅夫, 蔡昉, 李周. 充分信息与国有企业改革 [M]. 上海: 上海三联出版社, 1997.

[210] 林毅夫, 李志赟. 政策性负担、道德风险与预算软约束 [J]. 经济研究, 2004 (2): 17 -27.

[211] 林毅夫, 李志赟. 中国的国有企业与金融体制改革 [J]. 经济

学（季刊），2005（3）：913 -936.

[212] 林毅夫，刘明兴，章奇. 政策性负担与企业的预算软约束：来自中国的实证研究 [J]. 管理世界，2004（8）：81 -127.

[213] 刘瑞明，白永秀. 晋升激励、宏观调控与经济周期：一个政治经济学框架 [J]. 南开经济研究，2007（5）：19 -31.

[214] 刘小玄. 中国企业发展报告：1990 -2000 [M]. 北京：社会科学文献出版社，2001.

[215] 刘玉敏. 我国上市公司董事会效率与公司绩效的实证研究 [J]. 南开管理评论，2009（1）：84 -90.

[216] 刘振华. 目前影响国有企业党建工作的几个因素及对策 [J]. 理论探讨，1997（4）：92 -96.

[217] 卢昌崇. 公司治理机构及新老三会关系论 [J]. 经济研究，1994（11）：10 -17.

[218] 陆磊，李世宏. 中央—地方—国有银行—公众博弈：国有独资商业银行改革的基本逻辑 [J]. 经济研究，2004（10）：45 -55.

[219] 罗党论，黄琼宇. 民营企业的政治关系与企业价值 [J]. 管理科学，2008（6）：21 -28.

[220] 马丽、马国钧. 论党的作用是经济增长的内生变量 [J]. 学术交流，2011（4）：1 -7.

[221] 马连福，曹春方. 制度环境、地方政府干预、公司治理与 IPO 募集资金投向变更 [J]. 管理世界，2011（5）：127 -148.

[222] 南开大学中国公司治理原则研究课题组（课题主持人李维安）. 中国公司治理原则（草案）及其解说 [J]. 南开管理评论，2001（1）：9 -24.

[223] 潘红波，夏新平，余明桂. 政府干预、政治关联与地方国有企业并购 [J]. 经济研究，2008（4）：41 -52.

[224] 钱先航, 曹廷求, 李维安. 晋升压力、官员任期与城市商业银行的贷款行为 [J]. 经济研究, 2011 (12): 72-85.

[225] 钱颖一. 企业治理结构改革和融资结构改革 [J]. 经济研究, 1995 (1): 20-29.

[226] 青木昌彦. 对内部人控制的控制: 转轨经济中公司治理的若干问题 [J]. 改革, 1994 (6): 11-24.

[227] 沈永建, 张天琴. 政府干预、冗余雇员与高管薪酬业绩敏感性——基于中国国有上市公司的实证研究 [C]. 中国会计学会2011学术年会论文集, 2011.

[228] 苏启林. 基于代理理论与管家理论视角的家族企业经理人行为选择 [J]. 外国经济与管理, 2007 (2): 51-56.

[229] 孙铮, 刘凤委, 李增泉. 市场化程度、政府干预与企业债务期限结构——来自我国上市公司的经验证据 [J]. 经济研究, 2005 (5): 52-63.

[230] 谭劲松, 郑国坚, 彭松. 地方政府公共治理与国有控股上市公司控制权转移——1996-2004年深圳市属上市公司重组案例研究 [J]. 管理世界, 2009 (10): 135-151.

[231] 谭劲松, 郑国坚. 产权安排、政企关系、治理机制与企业效率——以"科龙"和"美的"为例 [J]. 管理世界, 2004 (2): 104-116.

[232] 田利辉. 国有产权、预算软约束和中国上市公司杠杆治理 [J]. 管理世界, 2005 (7): 123-128.

[233] 田志龙, 贺远琼. 公司政治行为: 西方相关研究的综述与评价 [J]. 中国软科学, 2003 (2): 68-73.

[234] 王克敏, 王志超. 高管控制权、报酬与盈余管理——基于中国上市公司的实证研究 [J]. 管理世界, 2007 (7): 111-119.

[235] 王鹏. 投资者保护、代理成本与公司绩效 [J]. 经济研究, 2008 (2): 68-82.

[236] 王文剑, 仉建涛, 覃成林. 财政分权、地方政府竞争与 FDI 的增长效应 [J]. 管理世界, 2007 (3): 13-22.

[237] 王贤斌, 徐现祥. 地方官员来源、去向、任期与经济增长——来自中国省长省委书记的证据 [J]. 管理世界, 2008 (3): 16-26.

[238] 王贤斌, 徐现祥, 李郇. 地方官员更替与经济增长 [J]. 经济学 (季刊), 2009, 8 (4): 1301-1328.

[239] 王贤斌, 徐现祥, 周靖祥. 晋升激励与投资周期——来自中国省级官员的证据 [J]. 中国工业经济, 2010, 22 (12): 16-26.

[240] 魏刚. 高级管理层激励与上市公司经营绩效 [J]. 经济研究, 2000 (3): 32-39.

[241] 卫武, 田志龙, 刘晶. 我国企业经营活动中的政治关联性研究 [J]. 中国工业经济, 2004 (4): 67-75.

[242] Wooldridge Jeffrey M. 计量经济学导论. 第 3 版 [M]. 北京: 中国人民大学出版社, 2002.

[243] 吴敬琏. 现代公司与企业改革 [M]. 天津: 天津人民出版社, 1994.

[244] 吴联生, 林景艺, 王亚平. 薪酬外部公平性、股权性质与公司业绩 [J]. 管理世界, 2010 (3): 117-126.

[245] 吴文峰, 吴冲锋, 芮萌. 中国上市公司高管的政府背景与税收优惠 [J]. 管理世界, 2009 (3): 134-142.

[246] 吴有昌. 国有企业内部人控制问题的成因及对策 [J]. 改革, 1995 (4): 73-78.

[247] 夏立军, 方轶强. 政府控制、治理环境与公司价值——来自中国证券市场的经验证据 [J]. 经济研究, 2005 (5): 40-51.

[248] 辛清泉, 林斌, 王彦超. 政府控制、经理薪酬与资本投资 [J]. 经济研究, 2007 (8): 110-122.

[249] 辛清泉, 谭伟强. 市场化改革、企业业绩与国有企业经理薪酬 [J]. 经济研究, 2009 (11): 68-81.

[250] 辛清泉, 郑国坚, 杨德明. 企业集团、政府控制与投资效率 [J]. 金融研究, 2007 (10): 123-142.

[251] 修宗峰, 杜兴强. 幸福感、社会资本与代理成本 [J]. 中国工业经济, 2011 (7): 107-117.

[252] 徐清海, 李兰芝. 中国经济的政治周期 [J]. 三峡大学学报, 2006 (11): 92-94.

[253] 徐现祥, 王贤斌, 舒元. 地方官员与经济增长——来自中国省长、省委书记交流的证据 [J]. 经济研究, 2007, 42 (9): 18-31.

[254] 徐业坤, 钱先航, 李维安. 政治不确定性、政治关联与民营企业投资——来自市委书记更替的证据 [J]. 管理世界, 2013 (5): 116-130.

[255] 薛云奎, 白云霞. 国家所有权、冗余雇员与公司业绩 [J]. 管理世界, 2008 (10): 96-105.

[256] 徐二明, 张晗. 中国上市公司国有股权对技术创新方式的影响 [J]. 经济管理, 2008 (15): 42-46.

[257] 徐晓东, 陈小悦. 第一大股东对公司治理、企业业绩的影响分析 [J]. 经济研究, 2003 (2): 64-74.

[258] 杨记军, 逯东, 杨丹. 国有企业的政府控制权转让研究 [J]. 经济研究, 2010 (2): 69-82.

[259] 杨瑞龙, 王元, 聂辉华. "准官员"的晋升机制：来自中国央企的证据 [J]. 管理世界, 2013 (1): 103-115.

[260] 杨瑞龙, 杨其静. 对"资本雇佣劳动"命题的反思 [J]. 经济科学, 2000 (6): 91-100.

[261] 杨瑞龙，杨其静. 专用性、专有性与企业制度 [J]. 经济研究，2001 (3): 3-11.

[262] 杨瑞龙，周业安. 相机治理与国有企业监控 [J]. 中国社会科学，1998 (3): 4-17.

[263] 杨瑞龙，周业安. 一个关于企业所有权安排的规范性分析框架及其理论含义 [J]. 经济研究，1997 (1): 12-22.

[264] 尹振东. 垂直管理与属地管理：行政管理体制的选择 [J]. 经济研究，2011 (4): 41-54.

[265] 游家兴，徐盼盼，陈淑敏. 政治关联、职位壕沟与高管变更——来自中国财务困境上市公司的经验证据 [J]. 金融研究，2010 (4): 128-143.

[266] 余明桂，夏新平. 控股股东、代理问题与关联交易：对中国上市公司的实证研究 [J]. 南开管理评论，2004 (6): 33-38.

[267] 余明桂，潘红波. 政治关系、制度环境与民营企业银行贷款 [J]. 管理世界，2008 (8): 9-21.

[268] 余明桂，回雅甫，潘红波. 政治联系、寻租与地方政府财政补贴有效性 [J]. 经济研究，2010 (3): 65-77.

[269] 曾庆生. 超额雇员、权益代理成本与公司价值 [J]. 上海立信会计学院学报，2007 (1): 41-47.

[270] 曾庆生，陈信元. 国家控股、超额雇员与劳动力成本 [J]. 经济研究，2006 (5): 74-86.

[271] 张宝柱，黄辉. 考虑政府干预的企业 R&D 行为研究 [J]. 财经论坛，2009 (3): 9-14.

[272] 张车伟. 失业率定义的国际比较及中国城镇失业率 [J]. 世界经济，2003 (5): 47-54.

[273] 张春霖. 从融资角度分析国有企业的治理机构改革 [J]. 改

革,1995(3):34-46.

[274] 张洪辉,王宗军. 政府干预、政府目标与国有上市公司的过度投资 [J]. 南开管理评论,2010(3):101-108.

[275] 张军,高远. 官员任期、异地交流与经济增长——来自省级经验的证据 [J]. 经济研究,2007,42(11):91-103.

[276] 张俊瑞,赵进文,张建. 高级管理层激励与上市公司经营绩效相关性的实证分析 [J]. 会计研究,2003(9):29-34.

[277] 张敏,张胜,申慧慧等. 政治关联与信贷资源配置效率——来自我国民营上市公司的经验证据 [J]. 管理世界,2010(11):143-153.

[278] 张曙光. 中国转轨中的制度结构与变迁 [M]. 北京:经济科学出版社,2005.

[279] 张维迎. 从现代企业理论看中国国有企业的改革 [J]. 改革与战略,1994(6):17-19.

[280] 张维迎. 从现代企业理论看国有企业改革 [J]. 改革,1995(1):30-33.

[281] 张维迎,马捷. 恶性竞争的产权基础 [J]. 经济研究,1999(6):11-20.

[282] 张维迎. 产权安排与企业内部的权力斗争 [J]. 经济研究,2000(6):41-50.

[283] 张新. 并购重组是否创造价值?中国证券市场的理论与实证研究 [J]. 经济研究,2003(6):20-29.

[284] 张一驰. 试论国有企业改革中的内部人控制与公司治理结构 [J]. 经济科学,1996(6):23-30.

[285] 郑志刚. 经理人超额薪酬和公司治理——一个文献综述 [J]. 金融评论,2012(1):103-112.

[286] 中共上海市委组织部. "双向进入、交叉任职"是一种有效机

制 [J]. 党建研究, 1999 (9): 15-17.

[287] 钟海燕, 冉茂盛, 文守逊. 政府干预、内部人控制与公司投资 [J]. 管理世界, 2010 (7): 98-108.

[288] 周黎安. 晋升博弈中政府官员的激励与合作——兼论我国地方保护主义和重复建设问题长期存在的原因 [J]. 经济研究, 2004 (6): 33-40.

[289] 周黎安. 中国地方官员的晋升锦标赛模式研究 [J]. 经济研究, 2007 (7): 36-50.

[290] 周黎安. 转型中的地方政府: 官员激励与治理 [M]. 上海: 上海人民出版社, 2008.

[291] 周黎安, 李宏彬, 陈烨. 对绩效考核: 中国地方官员晋升机制的一项经验研究 [J]. 经济学报, 2005 (1): 83-96.

[291] 周其仁. 市场里的企业: 一个人力资本与非人力资本的特别合约 [J]. 经济研究, 1996 (6): 71-80.

[293] 周雪光. "逆向软预算约束": 一个政府行为的组织分析 [J]. 中国社会科学, 2005 (2): 132-143.

[294] 周业安. 县乡级财政支出管理体制改革的理论与对策 [J]. 管理世界, 2000 (5): 122-132.

[295] 周业安, 冯兴元, 赵坚毅. 地方政府竞争与市场秩序的重构 [J]. 中国社会科学, 2004 (1): 56-65.

# 致　谢

衷心感谢导师马连福教授对我一直以来的教导和帮助，马老师严谨治学的态度、追求自由独立的学术精神等人格魅力将始终激励着我，受益终生。

感谢首都经济贸易大学会计学院顾奋玲院长、许江波书记、李百兴副院长、于鹏副院长等院领导的关心帮助，让我得以尽快地融入学院的教学和科研生活。本书的顺利出版还得感谢崔也光教授和解小娟书记以及中国财政经济出版社各位编辑的无私帮助；感谢我的爱人盂磊以及我的爸爸妈妈、公公婆婆和我的弟弟对我的支持和帮助。本书是国家自然科学基金青年项目"政党制度背景下的高管激励与国有企业治理研究：治理机制及其经济后果"（批准号71602126）、北京市社会科学规划研究基地项目"我国政党制度背景下的国企高管行为与治理研究"（批准号：15JGC199）以及国家自然科学基金面上项目"董事会非正式沟通对决策质量的影响研究：路径、机理与效应"（批准号71372093）的阶段性成果。

本书各部分内容经修改后在不同的学术会议和研讨会报告交流，并陆续发表在专业领域内的学术期刊，需特别感谢南开大学商学院的李维安、薛有志、武立东、黄福广、袁庆宏、李勇建、李建标、林润辉、程新生、牛建波以及西南财大的曹春方、山东大学的钱先航、辽宁大学的徐业坤等老师的意见，感谢师门同学赵颖、陈德球、高丽、胡艳、张春庆、高楠、刘华、卞娜、曹春方、刘丽颖、沈小秀、石晓飞、冯慧群、王丽丽、陈霞、张琦、张迎迎、严昀镝、杨棋钧、宋蕾、邓宏、高原等兄弟姐妹们，同时感谢投稿过程中匿名审稿人的建议。由于作者才疏学浅，难免有不当之处，诚盼读者批评指正（邮件：wangyuanfang120@163.com；地址：北京市丰台区张家路口 121 号首都经济贸易大学会计学院，邮编：100070）。

2019 年 7 月